CRISE SOCIOAMBIENTAL E SERVIÇO SOCIAL

EDITORA AFILIADA

Dados Internacionais de Catalogação na Publicação (CIP)
(Câmara Brasileira do Livro, SP, Brasil)

Crise socioambiental e serviço social / Raquel Santos Sant'Ana, Maria das Graças e Silva, Maria das Graças Osório P. Lustosa (org.). – São Paulo : Cortez, 2024.

Vários autores.
Bibliografia.
ISBN 978-65-5555-454-0

1. Capitalismo 2. Movimentos sociais 3. Política habitacional 4. Segurança alimentar 5. Serviço social 6. Trabalho social I. Sant'Ana, Raquel Santos. II. Silva, Maria das Graças e. III. Lustosa, Maria das Graças Osório P.

24-200803   CDD-361.3

Índices para catálogo sistemático:

1. Crise socioambiental e Serviço social   361.3

Cibele Maria Dias - Bibliotecária - CRB-8/9427

CRISE SOCIOAMBIENTAL E SERVIÇO SOCIAL

RAQUEL SANTOS SANT'ANA
MARIA DAS GRAÇAS E SILVA
MARIA DAS GRAÇAS OSÓRIO P. LUSTOSA
(ORG.)

São Paulo – SP

2024

CRISE SOCIOAMBIENTAL E SERVIÇO SOCIAL
Raquel Santos Sant'Ana | Maria das Graças e Silva | Maria das Graças Osório P. Lustosa (org.)

Direção editorial: Miriam Cortez
Coordenação editorial: Danilo A. Q. Morales
Assessoria editorial: Maria Liduína de Oliveira e Silva
Assistente editorial: Gabriela Orlando Zeppone
Preparação de originais: Silvana Cobucci
Revisão: Tuca Dantas
          Ana Paula Luccisano
Diagramação: Linea Editora
Capa: Desígnios Editoriais/Maurelio Barbosa
Arte de capa: Daniella Santos

Nenhuma parte desta obra pode ser reproduzida ou duplicada sem autorização expressa das organizadoras e do editor.

© 2024 by Organizadoras

Direitos para esta edição
CORTEZ EDITORA
R. Monte Alegre, 1074 – Perdizes
05014-001 – São Paulo-SP
Tel.: +55 11 3864 0111
editorial@cortezeditora.com.br
www.cortezeditora.com.br

Impresso no Brasil – maio de 2024

Sumário

Prefácio 7

Apresentação 17

1. Capitalismo e crise ecológica: a mudança climática, catástrofe sem precedente na história humana 27
   Michael Löwy

2. Crise do capital, questão ambiental e desenvolvimento agrário no Brasil 43
   Maria das Graças e Silva
   Raquel Santos Sant'Ana

3. Capitalismo e ofensiva ultraliberal contra trabalhadores rurais e povos tradicionais: desafios às lutas sociais 75
   Maria das Graças Osório P. Lustosa
   Jacqueline Botelho

4. A fome e o Serviço Social: um debate sobre soberania e segurança alimentar e nutricional 105
   Leile Silvia Candido Teixeira

5. Indígenas e quilombolas: lutas, direito ao território e
   compromisso ético-político do Serviço Social 133
   Daniella de S. Santos Néspoli
   Elizângela Cardoso de Araújo Silva

6. A atuação profissional em processos pós-crimes
   socioambientais na mineração: considerações a partir
   do Serviço Social 161
   Nailsa Maria Souza Araújo
   Kathiuça Bertollo

7. Trabalho Social na política habitacional em capitais
   brasileiras: aproximações e agenda de pesquisa 187
   Joana Valente Santana
   Rosangela Dias Oliveira da Paz
   Joicy Helena da Costa Pantoja

Sobre as autoras e autor 213

Prefácio

Tenho a alegria de prefaciar o livro *Crise socioambiental e Serviço Social*, organizado por Raquel Santos Sant'Ana, Maria das Graças e Silva e Maria das Graças Osório P. Lustosa, três professoras e intelectuais que admiro de longa data, pois fazem da práxis emancipadora uma construção cotidiana, classista, acadêmica e profissional. Mas acredito que essa é uma alegria também de qualidade diferente. Apresso-me a explicar. Como admiradora confessa da poesia de Manoel de Barros, me encanta a forma de o poeta "desver o mundo" em suas obras, para "encontrar nas palavras novas coisas de ver"[1], atribuindo importância às insignificâncias do mundo, às formas de vida não humanas que habitam o chão, a terra, os rios, as matas, e que expressam a reivindicação da utopia do poeta e de sua criança interna para o desenvolvimento do ser humano: compartilhar, aprender e se amalgamar com a natureza, a ponto de transformar sua própria humanidade não apartada do mundo das insignificâncias que enraízam e articulam o social e o natural num mesmo mundo de significados para a existência. A forma de desver o mundo de Manoel de Barros, flagrada neste prefácio em sua dimensão utópica, adquire sentido de urgência histórica diante da aceleração do tempo da mercadoria e da acumulação capitalista, do propagado ritmo inexorável do "progresso" técnico-científico para poucos e para a produção de maior desigualdade e empobrecimento da experiência humana, entrelaçando crises econômicas, ecológicas

---

1. BARROS, Manoel. *Menino do mato*. Rio de Janeiro: Objetiva, 2015. p. 13.

e de sociabilidade nas diferentes escalas espaciais, local, global e planetária das relações capitalistas. Eis aqui a forma e o conteúdo da linguagem poética de Manoel de Barros para escrever e "desver" a complexidade da relação metabólica sociedade-cultura-natureza, tema tão caro à presente coletânea e aqui convocado como vereda inicial e não convencional da leitura.

Na direção da vereda aberta, a leitura da coletânea trouxe a alegria de "desver" a questão social sob a dominância das relações sociais capitalistas a partir da escrita dos capítulos e de suas diferentes abordagens, dos materiais empíricos de pesquisa e das práxis humanas analisadas sob a tríade das questões agrária, urbana e ambiental. As palavras contidas na escrita, como ofício de reflexão acadêmica e também política, me fizeram "encontrar nas palavras coisas novas de ver"[2], como ensina o poeta. E porque este não é um livro de poesia, mas das palavras acadêmicas, minha alegria redobra porque também ensina a perturbar, como na poesia manoelina, "o sentido normal das ideias"[3], não apenas das relações sociais, mas também do mundo acadêmico.

E qual é a perturbação proposta? A de "desver" as relações sociais capitalistas agrárias, urbanas e ambientais a partir da articulação de suas relações, contradições, conflitos e crises, indo além do que se apresenta como disjunto, desarticulado, reificado, alienado e episódico em tais relações. Para tanto, a coletânea afirma em seu texto de apresentação que "os embates da relação capital/trabalho, as disputas em torno da ocupação do solo urbano ou rural e pela posse/propriedade dos recursos naturais constituem mediações fundamentais para entender o que, no Serviço Social, convencionamos chamar de 'questão social'". Tal proposição não costuma protagonizar a cena dos debates do Serviço Social sobre a teorização e o ensino

---

2. *Ibid.*
3. *Ibid.*, p. 14.

dos fundamentos da questão social na formação profissional de assistentes sociais. Não por acaso, as organizadoras e as autoras do livro são, em grande parte, integrantes do Grupo Temático de Pesquisa "Questão Agrária, Urbana, Ambiental e Serviço Social" (GTP QAUASS), da Associação Brasileira de Ensino e Pesquisa em Serviço Social (Abepss), e também protagonistas da compreensão sobre a necessária transversalidade da referida tríade (questão agrária/urbana/ambiental) na implementação dos três núcleos de fundamentação das diretrizes curriculares, no âmbito da formação profissional em Serviço Social.

A tarefa da escrita de um prefácio não se confunde com a da apresentação da obra. Assim, no lugar de considerações mais aprofundadas sobre os capítulos, destaco duas questões que merecem maior visibilidade por constituírem o original convite a "desver" as questões agrária, urbana e ambiental.

A primeira diz respeito à reflexão-ação da tríade histórica e espacial agrária, urbana e ambiental da vida social, a partir da dinâmica de produção e reprodução de territórios e territorialidades através da práxis concreta de sujeitos diferentes e diversos das relações sociais, que não se encerram nas práticas de dominação do capital e de seus sujeitos burgueses. Assim, emergem das páginas da coletânea a força e a dinâmica das contradições das relações sociais, dos seus conflitos e da dialética sociedade-cultura-natureza a partir de outros sujeitos, tanto numa perspectiva ampliada da classe trabalhadora quanto num sentido de compreensão dos modos de vida não capitalistas existentes na sociedade brasileira. Os protagonistas dos capítulos são, portanto, os trabalhadores e as trabalhadoras do campo, da cidade e das florestas, a família camponesa, os povos indígenas, as populações tradicionais, todos e todas em relação direta e conflituosa com o Estado e com os diferentes representantes de atividades econômicas do capital, com suas inserções burguesas de classe e seu domínio legitimado pela transformação da terra em mercadoria, propriedade privada, reserva de valor e finança.

Há que se destacar, contudo, que não se trata de uma menção episódica às diferenças e às diversidades dos sujeitos das relações sociais agrárias, urbanas e ambientais. Trata-se, antes, de compreender essas relações como totalidade e fruto da práxis social e humana, encarnadas em sujeitos étnico-raciais, de gênero e de classe concretamente situados no tempo e no espaço. Sem desconsiderar suas particularidades, esses sujeitos são compreendidos e problematizados como produtores e produtoras de cultura, de modos de uso e ocupação dos territórios nas diferentes formas materiais e simbólicas do espaço, como as águas, as terras e as florestas, que são territórios de trabalho, de moradia, de cultura, ou seja, de vida, responsáveis pela existência da sociobiodiversidade, das identidades que se expressam em diferentes modos de vida, sistemas alimentares, representações sociais, línguas, formas de trabalho e de economia, crenças, práticas sagradas e suas religiões e cosmogonias, na multiplicidade de saberes e práticas populares, tradicionais e/ou ancestrais, que animam a dinâmica comunitária e/ou as esferas da vida cotidiana. E, por último, mas não menos importante, são esses sujeitos, a partir de suas territorialidades socialmente criadas, que produzem e vivenciam características de integração às formas de vida não humanas e a seus ecossistemas, além de possibilitarem o desenvolvimento de modos de convivência e manejo não destrutivo da biodiversidade. É a partir dessa teia imensa e também frágil — porque humana e dependente da ação política — de relações e de condições de possibilidades históricas e territoriais de produção e reprodução social da vida, que se torna possível — e, diria com Michael Löwy, constitui uma exigência ecossocialista — a construção de práxis emancipadoras das formas de exploração, de opressão, de expropriação, da violência dizimadora, etnocida e racista das relações sociais capitalistas.

A segunda questão a ser destacada diz respeito a uma das mais importantes expressões materiais e simbólicas da produção social do espaço para a história das relações sociais capitalistas no Brasil, particularmente da relação dialética sociedade-cultura-natureza. Trata-se das formas de uso e ocupação da terra. A coletânea, seguindo as contribuições teóricas e metodológicas de Marx, elege a problematização da terra a partir da relação terra-trabalho-capital como dialética estruturante das relações sociais capitalistas e da sociabilidade burguesa fundada sob a instituição da propriedade privada, nas suas diferentes temporalidades históricas, no Brasil. Assim, os capítulos, a partir de diferentes contextos espaciais e históricos, fundamentam o tratamento teórico e empírico da dimensão fundiária das relações sociais agrárias, urbanas e/ou ambientais, articulando de forma mais ou menos orgânica os termos da tríade ou atribuindo maior ênfase a uma das suas dimensões.

Desse modo, pode-se identificar a existência de uma costura principal nesta coletânea, diria uma intencionalidade teórica e política, que a faz fugir do risco, por vezes um lugar-comum, que desafia as coletâneas. Essa linha que une os capítulos para a compreensão das expressões urbanas, agrárias e ambientais da questão social persegue o caminho da relação entre o desenvolvimento histórico desigual e combinado da formação brasileira e a dinâmica colonizadora, expropriadora e racista de produção/reprodução social do espaço agrário, urbano e ambiental sob relações sociais capitalistas. Tal processo é mediado pela longa e estruturante trajetória histórica e de violência étnico-racial de mais de dois séculos e meio de escravização legal indígena, também chamados de "negros da terra" pelo poder colonizador, e de quase quatro séculos de escravização da população negra. Cabe destacar ainda que o capital comercial do tráfico negreiro representou um dos segmentos econômicos mais rentáveis e responsáveis pela acumulação primitiva de capital, alicerçando a formação social do capitalismo no Brasil e a história social do trabalho sobre as práticas da exploração racial, racista e escravista da força de trabalho negra e a consequente desumanização da vida de negros e negras. Estes são elementos estruturais e estruturantes para a compreensão da relação terra-trabalho-capital e da história das lutas de libertação das formas de opressão racista e de classe.

Assim, a formação da diáspora africana em terras brasileiras, nos campos, cidades e florestas, foi oriunda da composição histórica do sequestro da população negra sujeitada pelo tráfico humano transatlântico originário do continente africano, dos que aqui nasceram sob o jugo da escravização e das práticas de miscigenação, e daqueles que se tornaram libertos ainda sob a existência legal dessa instituição ou após a sua abolição formal, em 1888. Essa formação diaspórica foi também a construção prolongada de formas de existências e de resistências, de identidades diversas e culturalmente complexas, que deixaram profundas marcas na língua portuguesa, nos alimentos e sistemas alimentares do Brasil, na música, na dança, nas práticas religiosas, nas experiências de práticas coletivas e de organizações mutualistas, na literatura, na produção da moradia popular, em especial da sua autoconstrução e na formação de favelas, vilas, mocambos, alagados, nas formas coletivas e comunitárias de aquilombamento urbano e rural, dentre tantas outras expressões materiais e simbólicas. E, para tornar ainda mais complexas e contextualizadas as formas de resistência étnico-raciais e de classe, como nos ensinam Daniella Néspoli e Elizângela Silva, no capítulo "Indígenas e quilombolas: lutas, direito ao território e compromisso ético-político do Serviço Social" (capítulo 5), "em conjunto com os povos africanos, os povos indígenas também constituíram os quilombos e as organizações de resistência ao sistema escravista".

Outras mediações são igualmente importantes e encontram diferentes aprofundamentos ao longo da coletânea, como a subordinação das formas de uso e ocupação não capitalistas da terra à forma mercadoria, à centralidade do valor de troca, à instituição da propriedade privada, aos mercados fundiários e imobiliários nos territórios rural e urbano. Quanto a este último elemento, cabe destacar as problematizações presentes em alguns dos capítulos acerca das altas taxas de concentração e centralização da propriedade rural no Brasil, regionalmente distribuída também de forma desigual[4]. Contudo, trata-se sobretudo da transformação capitalista da produção e reprodução social do espaço, e não só da terra, como condição para a reprodução expandida da acumulação capitalista e das relações sociais. Como escrevi em texto dedicado ao tema: "Em outras palavras, a terra importa porque o espaço também importa!"[5].

Assim, o espaço se transforma em espaço de consumo e consumo do espaço, e daí decorre sua crescente e exponencial transformação em mercadoria, finança, "recurso" e *commodities* do capitalismo extrativista, neoextrativista, do agronegócio, que expropria, degrada e acumula as matérias, as riquezas e a biodiversidade provenientes do solo, do subsolo, das águas, das florestas, do ar, do conhecimento

---

4. De acordo com o estudo *Quem são os poucos donos das terras agrícolas no Brasil — o mapa da desigualdade*, "Um quarto (25%) de toda a terra agrícola do Brasil é ocupada pelos 15.686 maiores imóveis do país (0,3% do total de imóveis) que se concentram principalmente no Mato Grosso, Mato Grosso do Sul e no Matopiba. Para alcançar os outros 25% da área total é necessário somar as áreas dos 3.847.937 menores (77% do total de imóveis), sendo a maior presença desses pequenos imóveis nas regiões Sul, Sudeste e Nordeste. O estrato dos 10% maiores imóveis ocupam 73% da área agrícola do Brasil, enquanto o estrato dos restantes 90% menores imóveis ocupa somente 27% da área. Em todos os estados brasileiros os 10% maiores imóveis detêm mais de 50% da área. Em 6 estados e no Matopiba os 10% maiores imóveis detêm mais de 70% da área. [...] Para todas as regiões do país, poucos imóveis (17 para a região Norte e 125 para o Centro-Oeste) ocupam mais de metade da área dos imóveis da região. [...] a desigualdade da distribuição da terra no Brasil nunca foi enfrentada, sendo que os governos têm priorizado a política agrícola (de produção) em detrimento da agrária (de terras), favorecendo o crescimento econômico e a desigualdade ao invés do desenvolvimento, da inclusão e da conservação. Priorizaram assentamentos em terras públicas em detrimento de terras privadas que não cumprem seu papel social, o que tem alimentado a grilagem e o desmatamento (PINTO, *et al*., 2020, p. 1-2)" (PINTO, Luís Fernando Guedes *et al*. Quem são os poucos donos das terras agrícolas no Brasil — o mapa da desigualdade. *Sustentabilidade em Debate*, n. 10, Piracicaba, SP: Imaflora, abr. 2020, 21 p. Disponível em: https://www.imaflora.org/public/media/biblioteca/1588006460-sustentabilidade_terras_agricolas.pdf. Acesso em: 7 abr. 2024.

5. CARDOSO, Isabel Cristina da Costa. Terra e propriedade como fundamentos da análise das questões agrária, urbana e ambiental. *In*: SANTANA, Joana Valente (org.). *Habitação e Serviço Social*. São Paulo: Papel Social, 2018, p. 46.

associado ao patrimônio genético originário de populações tradicionais e de povos indígenas. O conjunto desses processos históricos, espaciais e metabólicos entre sociedade-cultura-natureza desencadeia profundos impactos sobre a existência e a diversidade das formas de vida humana e não humana, em escala planetária. Destaco aqui os capítulos "Capitalismo e ofensiva ultraliberal contra trabalhadores rurais e povos tradicionais: desafios às lutas sociais"; "A fome e o Serviço Social: um debate sobre soberania e segurança alimentar e nutricional"; e o já citado "Indígenas e quilombolas: lutas, direito ao território e compromisso ético-político do Serviço Social" (capítulos 3, 4 e 5) que, em sequência, oferecem ricas problematizações sobre diferentes dimensões históricas e contemporâneas que evidenciam o quanto o desenvolvimento da reprodução expandida do capital é também o desenvolvimento de suas crises, contradições, bem como de conflitos e formas de lutas e resistências. Assim, podem-se flagrar as conexões entre a fome, a produção capitalista de alimentos e a reivindicação do direito à produção de sistemas alimentares agroecológicos baseados na defesa da soberania alimentar; as lutas indígenas e quilombolas pelo direito aos seus territórios e modos de vida; a problematização sobre a cadeia produtiva extrativista da mineração a partir do crime socioambiental de Mariana-MG. As reflexões das autoras se somam aos demais capítulos da coletânea para problematizar sobre as contradições socioespaciais, as profundas desigualdades nas diferentes dimensões da vida, o aprofundamento da sociabilidade desumana, de práticas violentas, racistas, ultraconservadoras e de incivilidade e da elevação do potencial conflitivo das relações sociais agrárias, urbanas e ambientais decorrente das ameaças destruidoras à vida.

É a partir dessa rica e fundamentada complexidade das configurações socioambientais das relações sociais que a presente obra conecta a processualidade histórica e espacial do desenvolvimento e da reprodução das relações sociais capitalistas e das suas crises ao campo das expressões históricas e contemporâneas da questão social para a reflexão e a ação profissionais do Serviço Social. Aos que aceitarem o convite para a leitura desta obra, aviso uma última vez: será um aprendizado para "desver" o mundo e o que compreendemos criticamente como questão social e seus fundamentos. Aqui, leitores e leitoras estarão diante de mediações agrárias, urbanas e ambientais para a fundamentação e a compreensão da questão social. E, assim, me despeço agradecendo ao convite e dando as mãos, novamente, a Manoel de Barros. Que possamos transfigurar o real com nossas palavras enraizadas na capacidade crítica e criadora da práxis.

> Eu queria fazer parte das árvores como os
> pássaros fazem.
> Eu queria fazer parte do orvalho como as
> pedras fazem.
> Eu só não queria significar.
> Porque significar limita a imaginação.
> E com pouca imaginação eu não poderia
> fazer parte de uma árvore.
> Como os pássaros fazem.
> Então a razão me falou: o homem não
> pode fazer parte do orvalho como as pedras
> fazem.
> Porque o homem não se transfigura senão
> pelas palavras.
> E isso era mesmo.[6]

Isabel Cristina da Costa Cardoso[7]

---

6. BARROS, Manoel. *Menino do mato*, op. cit.

7. Professora associada da Faculdade de Serviço Social da Universidade do Estado do Rio de Janeiro (FSS/Uerj); coordenadora do Grupo de Estudos sobre Espaço Urbano, Vida Cotidiana e Serviço Social (UrbanoSS), da FSS/Uerj.

Apresentação

Esta coletânea, intitulada *Crise socioambiental e Serviço Social*, reúne pesquisadoras que estudam as questões referentes à temática agrária, urbana e ambiental; todas são brasileiras, assistentes sociais, mulheres de diferentes origens étnicas, e de diversos estados da federação, exceto Michael Löwy — cuja participação nesta publicação foi um verdadeiro presente do autor ao Serviço Social brasileiro.

O objetivo deste livro é trazer o debate da realidade atual, recuperando as particularidades dos fenômenos provenientes das disputas em torno da terra e dos recursos naturais a partir do que convencionamos chamar de questões agrária, urbana e ambiental. Com isso, procuramos evidenciar como estas são expressões ontológicas da questão social brasileira, estruturalmente conectadas às tendências que marcam a sociabilidade do capital e seus profundos antagonismos de classe.

À luz da teoria social crítica de Marx e seus interlocutores, os diversos capítulos procuram aprofundar reflexões sobre a lógica destrutiva e predatória do capitalismo monopólico e financeirizado, cujas configurações em países periféricos e dependentes, como o Brasil, provocam elevadas taxas de desemprego, fome e miséria de amplos segmentos sociais, intensificando as disputas e os conflitos sociais. O histórico nível de desigualdades sociais presentes na atual conjuntura evidencia particularidades que, na formação sócio-histórica brasileira, concorreram para a construção de uma sociabilidade marcada pela extrema concentração da riqueza e da renda, pelo patriarcado e pelo racismo.

O governo Jair Bolsonaro (2018-2022), ao negar enfaticamente a ciência e a teoria, ao desregulamentar direitos sociais, humanos e socioambientais e ao vilipendiar a democracia, o direito ao trabalho e à vida, aguçou exponencialmente os interesses dominantes. O Brasil, como detentor de abundantes fontes naturais, expoente inigualável de riquezas (terras, água, recursos vegetais, minerais etc.), deparou-se com o avanço dos processos de expropriações e invasão de terras, destruição de florestas e devastação ambiental, que representam novos e complexos desafios à luta de classes.

É nessa conjuntura que os pesquisadores e as pesquisadoras têm a responsabilidade de promover estudos e reflexões coletivas a respeito desses fenômenos que têm levado a uma crise global que ameaça a vida no planeta e a saúde da população como um todo, seja em função dos mecanismos perversos de exploração do trabalho e depredação da natureza, seja pelo aprofundamento cada vez maior da pobreza gerada pela crescente acumulação da riqueza.

Na particular realidade brasileira, além da inserção subalterna e dependente do país na esfera global do capitalismo financeiro, a crescente violência, a expropriação de amplos setores dos trabalhadores e povos tradicionais, os atuais desmontes da estrutura político-institucional do país, em larga medida conquistada nas lutas pela redemocratização, forjam novas refrações à questão social, com efeitos desastrosos para os trabalhadores pobres, camponeses, povos nativos, indígenas e quilombolas. Além de exigir rigor analítico para a apreensão do real numa perspectiva da totalidade, de maneira a identificar os antagonismos da luta de classes e a violência que o capital e o Estado impõem aos que se contrapõem e resistem à opressão e exploração, esse conjunto de elementos também evidencia que a ciência não é neutra, e que as pesquisas e a produção do conhecimento têm que se comprometer com a transformação dessa ordem social, desigual e profundamente injusta, imposta pelo capital.

Partimos do pressuposto de que as particularidades das questões urbana, agrária e ambiental são elementos constituintes da questão social. Com esse entendimento, os embates da relação capital/trabalho, as disputas em torno da ocupação do solo urbano ou rural e pela posse/propriedade dos recursos naturais constituem mediações fundamentais para entender o que no Serviço Social convencionamos chamar de "questão social".

Desde o final da década de 1970, o Serviço Social brasileiro construiu um acervo teórico-metodológico e ético-político numa direção libertária, em que princípios como a liberdade, entendida como plena expansão dos indivíduos sociais, a democracia e a cidadania se combinam com o compromisso da profissão com o combate a todas as formas de opressão e exploração, e com a qualidade dos serviços prestados. Enfim, como profissão de cunho eminentemente interventivo, o Serviço Social busca alternativas para o enfrentamento da realidade atual, mas sem perder de vista que nessa sociabilidade não será possível forjar a igualdade e a fraternidade; daí a defesa intransigente de uma nova ordem social para além do capital.

Nesse acervo construído pela profissão, foi fundamental ao Serviço Social apreender o seu objeto de trabalho, aquilo que tornou essa profissão requerida socialmente: a questão social. Esta, cujo elemento central é a relação capital/trabalho, vem sendo objeto de reflexões, estudos e pesquisas desde a década de 1980. No século XXI, a definição ganhou novos adensamentos, de maneira a evidenciar que os usuários do Serviço Social, como parte da classe trabalhadora, têm sexo, sexualidade, raça, e que cada uma dessas mediações provoca novas formas de opressão e viabiliza patamares mais profundos de exploração.

Esse adensamento e novos estudos têm possibilitado que a discussão sobre o uso e a apropriação do solo e dos recursos naturais ganhe uma dimensão cada vez mais importante na configuração da questão social. O capitalismo, com sua lógica destrutiva, se espraia por todos os interstícios de vida e reúne o que ele mesmo separou: terra e trabalho; estende seus tentáculos por todos os territórios e, com isso, envolve uma gama de sujeitos, como indígenas, quilombolas, ribeirinhos e camponeses, estabelecendo um nível de conflitividade muito intenso, com expulsões, violências e assassinatos de suas lideranças políticas.

No campo e nas cidades, a propriedade privada da terra assume relevância crescente. O agronegócio, assentado no latifúndio e no monocultivo, constitui um modelo agrícola "químico-dependente", de consequências desastrosas para a saúde humana e para o meio ambiente. Igualmente, a mercantilização do solo urbano e a especulação imobiliária empurram diversos segmentos da classe trabalhadora para as já adensadas e precárias periferias, submetendo-os aos riscos crescentes de desastres, como deslizamentos de encostas, enchentes, dentre outros. Em ambos os casos, verifica-se um movimento de expropriação, cuja finalidade última é assegurar a expansão do capital.

O acúmulo do Serviço Social sobre as questões urbana, rural e ambiental, ainda que não seja muito amplo, traz uma literatura crítica, geralmente alinhada à direção ideopolítica do Serviço Social brasileiro, o que vem sendo constatado nos eventos científicos da categoria e nas publicações da área. A apreensão que temos é que esses elementos do agrário, do urbano e do ambiental perpassam transversalmente o trabalho profissional do assistente social em diversos espaços sociocupacionais e, portanto, devem ser tratados no âmbito da formação de graduação e pós-graduação.

Esta coletânea reúne textos com o objetivo de contribuir para o adensamento das discussões acerca dos elementos que compõem as diversas realidades perpassadas pelas questões urbana, agrária e ambiental como particularidades da questão social brasileira.

Com isso, queremos colaborar com a formação e o trabalho profissional, resgatando um conjunto de problemáticas relativas a diferentes interfaces da questão social, todas com foco em temas diretamente vinculados aos embates de classe, às disputas pelos recursos naturais e pelos territórios situados em área rural e urbana, ao mesmo tempo que procuramos refletir sobre o papel do Serviço Social diante dessas realidades.

O capítulo que abre esta coletânea, de autoria de Michael Löwy, intitula-se "Capitalismo e crise ecológica: a mudança climática, catástrofe sem precedente na história humana". O autor inicia a discussão evidenciando a necessidade de um alerta geral, ou a presença de "faróis vermelhos", em suas palavras, diante da crise ambiental que se encaminha para uma situação irreversível do ponto de vista da preservação da vida e do planeta. Como estudioso da temática ambiental, Michael Löwy faz uma análise profunda da relação entre crise ambiental e o modelo predatório de vida imposto pelo capital. Chama a atenção para o quanto as crises do capital vão aprofundando as devastações sociais e ambientais. Desde 2008, o capital precisa administrar uma crise profunda, decorrente da ampliação do capital financeiro numa sociabilidade cuja marca principal é a mercantilização da vida, hoje cada vez mais controlada pelo totalitarismo dos mercados financeiros. São as consequências do *processo de acumulação do capital*, que atualmente se efetiva a partir da globalização neoliberal sob o domínio norte-americano. O autor adverte que esse modelo de sociedade é insustentável do ponto de vista humano e ambiental, mas destaca especificamente a gravidade da crise climática, apontando para riscos de catástrofes sem precedentes na história. Se não for contido, o aquecimento global desencadeará diversos fenômenos irreversíveis para a vida no planeta Terra. E, como afirma o autor, a solução não se efetivará nos marcos do capitalismo; será preciso construir outros caminhos, alternativas radicais para a transformação social. A alternativa apresentada pelo autor é o "*ecossocialismo*, uma proposta estratégica que resulta da convergência entre a reflexão ecológica e a reflexão socialista, a reflexão marxista".

Em "Crise do capital, questão ambiental e desenvolvimento agrário no Brasil", as autoras Maria das Graças e Silva e Raquel Santos Sant'Ana debruçam-se sobre a conjuntura brasileira de aprofundamento da crise estrutural, buscando problematizar a destrutividade ambiental e sua relação intrínseca com a inserção subordinada do país na divisão internacional do trabalho e com o modelo capitalista de desenvolvimento agrário hegemônico no mundo, o qual, na particularidade brasileira, assume características profundamente predatórias e destrutivas, ameaçando uma das maiores biodiversidades do planeta e as populações que dela dependem para assegurar sua reprodução. As autoras oferecem uma contribuição para politizar o debate ambiental na sociedade brasileira e, particularmente, no espaço agrário, reafirmando a importância das lutas sociais contra o sistema do capital. Nesse movimento, evidenciam a ofensiva antiecológica e a agenda regressiva do governo Bolsonaro, bem como os elos que as vinculam à dinâmica societária, a fim de desfazer mitos e produzir a arma da crítica.

O capítulo "Capitalismo e ofensiva ultraliberal contra trabalhadores rurais e povos tradicionais: desafios às lutas sociais", de autoria de Maria das Graças Osório P. Lustosa e Jacqueline Botelho, traz reflexões importantes sobre a atual corrida de capitalistas nacionais e estrangeiros pelo domínio de terras e territórios no Brasil, enfatizando as graves implicações que os brutais processos de expropriações, invasões de terras e violação dos direitos etc. trazem aos trabalhadores rurais, aos povos indígenas e aos quilombolas. Para as autoras, esses fatos indicam novos matizes das expressões da questão social brasileira, considerando os agravos aos trabalhadores, a intensa extração de recursos naturais, a perda da biodiversidade e a degradação dos ecossistemas. Essas metamorfoses com a anuência do Estado, observadas no desmonte de instituições e na desregulamentação da reforma agrária, incitam a contrarreforma agrária, aprofundando as desigualdades sociais no campo. Apoiadas numa literatura representativa, as autoras destacam as tendências do capitalismo neoliberal, cujas imposições e contradições, entre crises e conversões na produção e expansão de lucros, acrescem a "financeirização da terra". Argumentos densos e consistentes sinalizam para o "domínio das finanças", apontam a variedade de capitais, em que a terra, como "novo contorno", se torna objeto essencial dos interesses do mercado e do agronegócio. Os antagonismos e o caráter anárquico e destrutivo da produção capitalista, os efeitos severos a trabalhadores e povos nativos, suas lutas sociais e resistências históricas às ofensivas dominantes têm no debate crítico a via essencial: a apreensão da realidade como totalidade histórica.

"A fome e o Serviço Social: um debate sobre soberania e segurança alimentar e nutricional", de Leile Silvia Candido Teixeira, concentra-se na fome, tema inevitável da agenda política atual, quando 33 milhões de brasileiros passam diariamente por essa situação. A autora destaca que, como expressão da questão social, a fome é resultado da sociedade do capital, que faz da comida uma mercadoria. Para evidenciar essa relação, Leile discorre sobre o conceito de segurança alimentar, que se tornou o orientador das políticas voltadas para o combate à fome, mostrando, ainda que brevemente, as políticas de combate à fome no Brasil. Para finalizar, apresenta o conceito de soberania alimentar, criado pelos movimentos sociais para aprofundar o debate sobre a alimentação e a relação com a autonomia dos povos e nações. Com a incisiva e certeira análise da relação entre a fome e o modelo de produção agrícola hegemônico, Leile enfatiza a necessidade de ampliar a interlocução entre a produção da fome como fenômeno social e a produção agrícola dominada pelo capital.

Com isso, a autora se movimenta dialeticamente e evidencia a necessidade de políticas emergenciais, mas também de ir além delas, indicando o caminho da superação: a busca da soberania alimentar a partir do acúmulo já construído pelos movimentos camponeses. Por fim, a autora destaca como esse caminho tem sido trilhado pelo Movimento dos Pequenos Agricultores (MPA). Nas considerações finais, a autora ressalta que esse tema tem sido pouco abordado no Serviço Social e propõe uma agenda de pesquisa sobre a fome como expressão da questão social.

O capítulo "Indígenas e quilombolas: lutas, direito ao território e compromisso ético-político do Serviço Social", de autoria de Daniella de S. Santos Néspoli e Elizângela Cardoso de Araújo Silva, à luz de vastas experiências profissionais e consistentes diálogos com autores representativos desse debate, desenvolve reflexões críticas coerentes, focalizando a trajetória histórica e sociopolítica das lutas e resistências dos povos tradicionais, indígenas e comunidades quilombolas adiante da dominação de classes no Brasil. De forma brilhante, as autoras explicitam a brutal violência, os desrespeitos intoleráveis, os descasos do Estado e a negação dos direitos desses povos, não apenas à terra e aos territórios de origem, mas também aos direitos sociais, humanos e à reprodução de seus modos de vida.

O trabalho mostra a relevância das históricas lutas sociais e de resistência contra as opressões e expropriações sofridas, o que exige desvelar a essência das injustas ações de devastação de suas terras e territórios. Diante da complexidade dessa problemática, as autoras enfatizam a importância do avanço da profissão na produção de conhecimento sobre as demandas das populações indígenas e quilombolas, na problematização da realidade desses povos e na atuação profissional munida de respostas orientadas pelos princípios éticos do Serviço Social.

Por fim, as autoras ressaltam a pertinência e a atualidade do projeto ético-político do Serviço Social, como elementos essenciais para os avanços e a crítica ao capitalismo neoliberal, diante das novas e graves expressões da questão social brasileira.

Em "A atuação profissional em processos pós-crimes socioambientais na mineração: considerações a partir do Serviço Social", Nailsa Maria Souza Araújo e Kathiuça Bertollo problematizam os desafios e as perspectivas do trabalho profissional de assistentes sociais na assessoria técnica aos atingidos pelos crimes provocados pela empresa Vale, em Minas Gerais. Para tanto, as autoras localizam os elementos constitutivos da exploração de minérios no bojo da divisão internacional do trabalho, demonstrando que a produção mais poluente e a parte expressiva dos seus ônus recaem sobre os países periféricos e afetam particularmente a *classe-que-vive-do-trabalho*, pondo em risco as condições de reprodução de populações tradicionais cujos modos de vida dependem em grande parte da "natureza externa". Após essa incursão, as autoras analisam a atuação do Serviço Social, tomando como referência o contexto pós-crimes produzidos pelo rompimento das barragens de Fundão, em Mariana (2015), e da Mina do Córrego do Feijão, em Brumadinho (2019), ambas em Minas Gerais. No universo das ações e das disputas políticas, as autoras, ambas assistentes sociais, ressaltam os traços concernentes à dinâmica dessa especialização do trabalho, quando requerida a atuar em espaços novos, diferenciados, carregados de novas contradições e desafios.

"Trabalho Social na política habitacional em capitais brasileiras: aproximações e agenda de pesquisa", último capítulo desta coletânea, foi elaborado por Joana Valente Santana, Rosangela Dias Oliveira da Paz e Joicy Helena da Costa Pantoja, e expõe resultados de estudos e pesquisas sobre o Trabalho Social desenvolvido pelas prefeituras municipais das capitais dos estados e do Distrito Federal. As autoras refletem sobre as requisições e respostas profissionais do Trabalho

Social na política habitacional, com base em resultados parciais de pesquisa realizada em 14 capitais brasileiras pelo projeto de pesquisa *Serviço Social e remoção de moradores atingidos por projetos urbanísticos no Brasil: requisições e respostas profissionais*. O objetivo da investigação é analisar o trabalho profissional dos assistentes sociais em projetos urbanísticos que envolvem processos de remoção de moradores, verificando demandas, respostas e estratégias profissionais nesses processos, articuladas ao projeto ético-político da profissão.

As autoras concluem que as demandas às equipes de Trabalho Social orientam-se pelos eixos de organização comunitária, educação sanitária e ambiental e geração de trabalho e renda, e que os projetos técnico-sociais são muito similares nas diferentes territorialidades no Brasil. Além disso, reiteram a importância da contribuição dos profissionais das equipes de Trabalho Social para o fortalecimento de processos participativos, estimulando o protagonismo dos sujeitos, sua organização política pelo direito à moradia e à cidade.

Excelente leitura!

As organizadoras

1
Capitalismo e crise ecológica:
a mudança climática, catástrofe sem precedente na história humana

Michael Löwy

Desde 2008, o sistema capitalista internacional vive em estado de crise em relação direta com o processo de financeirização e a formação de explosivas "bolhas financeiras". Essa situação ilustra a total irracionalidade de um sistema econômico baseado na mercantilização de tudo, na especulação desenfreada, no totalitarismo dos mercados financeiros e na globalização neoliberal a serviço exclusivo do lucro capitalista.

Os governos — sejam de direita ou de centro-esquerda — revelam-se incapazes de propor uma saída e insistem com extraordinária obstinação na aplicação das tradicionais receitas neoliberais — privatizações, corte de recursos para a educação e a saúde, redução dos salários e das pensões, demissão de funcionários públicos —, que resultam apenas no agravamento da crise, na intensificação da recessão e no aumento do peso da dívida.

Por outro lado, seria uma ilusão acreditar — como pensam muitos marxistas — que se trata da crise final do capitalismo e que o sistema está condenado a desaparecer, vítima de suas contradições internas. Como já dizia Walter Benjamin nos anos 1930, o capitalismo nunca vai morrer de morte natural. Em outros termos: se não houver uma ação social e política anticapitalista, um movimento de insurgência dos explorados e oprimidos, o sistema poderá continuar ainda por muito tempo. Como no passado, acabará encontrando alguma saída para a crise, seja por medidas keynesianas — hipótese mais favorável —, seja pelo fascismo e pela guerra.

O mesmo vale para a crise ecológica. Por si mesma, ela não leva ao fim do capitalismo: por mais que acabe o petróleo, ou que se esgotem outras fontes essenciais da riqueza, o sistema continuará a explorar o planeta, até que a própria vida humana se encontre ameaçada.

A crise econômica e a crise ecológica resultam do mesmo fenômeno: um sistema que transforma tudo — a terra, a água, o ar que respiramos, os seres humanos — em mercadoria, e que não conhece outro critério a não ser a expansão dos negócios e a acumulação de lucros. As duas crises são aspectos interligados de uma crise mais geral, *a crise da civilização capitalista industrial moderna*. Isto é, a crise de um modo de vida — cuja forma caricatural é o famoso *american way of life*, que obviamente só pode existir enquanto for privilégio de uma minoria —, de um sistema de produção, consumo, transporte e habitação que é, literalmente, *insustentável*.

Atualmente, a crise financeira — como salvar os bancos e pagar a dívida — é a única que preocupa os vários governos representativos do sistema. Mas, do ponto de vista da humanidade, o maior perigo, a ameaça mais preocupante, é a crise ecológica, que, ao contrário da crise financeira, *não tem solução nos marcos do sistema*.

Há alguns anos, quando se falava dos perigos de catástrofes ecológicas, os autores se referiam ao futuro dos nossos netos ou bisnetos como algo longínquo, dentro de cem anos. Agora, porém, o processo de devastação da natureza, de deterioração do meio ambiente e de mudança climática se acelerou a tal ponto que já não se discute um futuro em longo prazo. Fala-se de processos que já estão em curso — a catástrofe já começou, esta é a realidade. Realmente, estamos numa corrida contra o tempo para tentar impedir, brecar, conter esse processo desastroso.

Quais são os sinais que mostram o caráter cada vez mais destrutivo do processo de acumulação capitalista em escala global? Eles são múltiplos e convergentes: crescimento exponencial da poluição do ar, da água potável e do meio ambiente em geral nas grandes cidades; início da destruição da camada de ozônio; destruição, numa velocidade cada vez maior, das florestas tropicais e rápida redução da biodiversidade pela extinção de milhares de espécies; esgotamento dos solos, desertificação; acúmulo de resíduos, notadamente nucleares (alguns com duração de milhares de anos), impossíveis de controlar; multiplicação dos acidentes nucleares — Fukushima! — e ameaça de um novo Chernobyl; poluição alimentar, manipulações genéticas, secas prolongadas em escala planetária, escassez de grãos, encarecimento dos alimentos.

Todos os faróis estão no vermelho: é evidente que a corrida louca atrás do lucro e a lógica produtivista e mercantil da civilização capitalista/industrial nos levam a um desastre ecológico de proporções incalculáveis. Não se trata de ceder ao "catastrofismo", mas simplesmente de constatar que a dinâmica do "crescimento" infinito induzido pela expansão capitalista ameaça destruir os fundamentos naturais da vida humana no planeta.

De todos esses processos destrutivos, o mais óbvio e perigoso é o *processo de mudança climática*, um processo decorrente dos gases de efeito estufa, emitidos sobretudo pelo consumo das energias fósseis (carvão e petróleo) pela indústria, pelo agronegócio e pelo sistema de transporte existente nas sociedades capitalistas modernas. Como sabemos pelo trabalho dos cientistas do Painel Intergovernamental sobre Mudança do Clima (IPCC), criado pelas Nações Unidas, se a

temperatura média subir mais de 1,5 °C acima dos níveis pré-industriais, é provável que se inicie um processo irreversível de alterações climáticas. Quais seriam as consequências? Eis alguns exemplos:
- multiplicação de megaincêndios, como os ocorridos na Austrália entre 2019 e 2020, e eventualmente a destruição das florestas em escala planetária;
- desaparecimento dos rios e desertificação das terras;
- derretimento e deslocação do gelo polar e a consequente subida do nível do mar, que pode atingir dezenas de metros, levando ao desaparecimento das principais cidades da civilização humana: Hong Kong, Calcutá, Veneza, Amsterdã, Xangai, Nova York e Rio de Janeiro.

Até que nível a temperatura pode subir? Qual temperatura ameaça a vida humana neste planeta? Não há respostas para essas perguntas.

Esses são riscos de catástrofe sem precedentes na história da humanidade. Teríamos de voltar ao Plioceno, há alguns milhões de anos, para encontrar uma condição climática semelhante à que poderá ser criada no futuro como resultado das alterações climáticas. A maioria dos geólogos acredita que entramos numa nova era geológica, o Antropoceno, em que as condições do planeta foram alteradas pela ação humana. Qual ação? As alterações climáticas começaram com a Revolução Industrial do século XVIII, mas foi depois de 1945, com a globalização neoliberal, que se deu um salto qualitativo. Em outras palavras, a responsável pela acumulação de CO_2 na atmosfera e, portanto, pelo aquecimento global é a civilização industrial capitalista moderna, baseada nas energias fósseis.

A crise climática, portanto, não é decorrente do excesso de população, como dizem alguns, nem da tecnologia em si, abstratamente, tampouco da má vontade do gênero humano. Trata-se de algo muito concreto: das consequências do *processo de acumulação do capital*, sobretudo em sua forma atual, da globalização neoliberal sob a hegemonia do império norte-americano.

Esse é o elemento essencial, motor desse processo e dessa lógica destrutiva que corresponde à necessidade de expansão ilimitada — aquilo que Hegel chamava de "má infinitude" —, um processo infinito de acumulação de mercadorias, acumulação do capital, acumulação do lucro, que é inerente à lógica do capital. Um processo que, nos últimos duzentos anos, tem se baseado essencialmente nas energias fósseis (carvão e petróleo), responsáveis pelas emissões de gases que provocam o aquecimento global.

Não se trata da má vontade desta ou daquela multinacional ou dos governos dos países, mas da lógica *intrinsecamente perversa* do sistema capitalista, baseada na concorrência impiedosa, nas exigências de rentabilidade, na corrida atrás do lucro rápido; uma lógica que é necessariamente destruidora do meio ambiente e responsável pela catastrófica mudança do clima.

A questão da ecologia, do meio ambiente, é, portanto, a questão do capitalismo; parafraseando uma observação do filósofo da Escola de Frankfurt, Max Horkheimer, "se você não quer falar do capitalismo, não adianta falar do fascismo", eu diria também: se você não quer falar do capitalismo, não adianta falar do meio ambiente, porque a questão da destruição, da devastação, do envenenamento ambiental, assim como a questão da mudança climática, são produtos do processo de acumulação do capital.

A natureza sistêmica do problema é cruelmente ilustrada pelo comportamento dos governos, todos (com raras exceções) a serviço da acumulação de capital, das multinacionais, da oligarquia fóssil, da mercantilização geral e do comércio livre. Alguns — o ex-presidente norte-americano Donald Trump, o ex-presidente brasileiro Jair Bolsonaro, o primeiro-ministro australiano Scott Morrison — são abertamente ecocidas e negacionistas do clima. Os outros, os "razoáveis", reconhecem o problema, mas buscam soluções nos quadros da "economia de mercado", isto é, do capitalismo neoliberal.

Por exemplo, o Tratado de Quioto, de 1997, propõe resolver o problema das emissões de gases de efeito estufa com o chamado "mercado dos direitos de poluir". As empresas que emitem mais CO_2 vão comprar direitos de emissão de outras, que poluem menos. Essa seria "a solução" do problema para o efeito estufa! Obviamente, as soluções que aceitam as regras do jogo capitalista, que se adaptam às regras do mercado, que aceitam a lógica de expansão infinita do capital, revelaram-se um fracasso e foram incapazes de enfrentar a crise climática — uma crise que se transforma numa crise de sobrevivência da espécie humana.

A Conferência de Copenhague, de dezembro de 2009, no âmbito da Convenção-Quadro das Nações Unidas sobre Mudança do Clima, foi mais um exemplo clamoroso da incapacidade — ou da falta de interesse — das potências capitalistas de enfrentarem o dramático desafio do aquecimento global. A montanha de Copenhague *pariu* um rato, uma miserável declaração política, sem nenhum compromisso concreto e cifrado de redução das emissões de gases de efeito estufa.

Tratou de impor a pretensa *economia verde*, isto é, o capitalismo *pintado com outra cor*, e terminou com vagas declarações, sem nenhum compromisso efetivo com o combate à mudança climática. A Conferência de Paris, em 2015, reconheceu a necessidade de se manter a elevação da temperatura abaixo de 2 °C ou mesmo de 1,5 °C, mas se limitou a solicitar "reduções voluntárias" aos vários países participantes.

Os cientistas calcularam que, se todos cumprissem suas promessas, ainda assim o aumento de temperatura superaria os 3 °C. No entanto, nos anos que se seguiram, *nenhum dos países* cumpriu suas promessas de redução de emissões de CO_2. O espetacular fracasso da Conferência das Nações Unidas sobre Alterações Climáticas

(COP26), realizada em Glasgow, no Reino Unido, entre outubro e novembro de 2021, é apenas o mais recente exemplo dessa inércia dos poderes constituídos a serviço do capital.

A atitude das classes dominantes, especialmente dos governos das principais potências responsáveis pela poluição e pela acumulação de CO_2, é muito parecida com a dos reis da França: "depois de mim, o dilúvio!", teria dito Luís XV, o penúltimo dos Bourbons. No século XXI, o dilúvio poderia tomar, como nos tempos bíblicos, a forma de uma subida irreversível do nível do mar. Particularmente nefasto é o papel da *oligarquia fóssil*, os interesses ligados à extração, ao comércio e à utilização do carvão, do petróleo e do gás: multinacionais extrativistas, bancos, centrais elétricas movidas a energia fóssil, indústria química e plástica, indústria automobilística e aeronáutica etc. Seu peso na economia capitalista é decisivo, e bloqueia qualquer tentativa de transição energética que vise suprimir a extração e o uso dos fósseis.

Não podemos, portanto, evitar a conclusão de que não há solução para a crise ecológica no quadro do capitalismo, um sistema inteiramente dedicado ao produtivismo, ao consumismo, à luta feroz pela "quota de mercado", à acumulação de capital e à maximização do lucro. Sua lógica, intrinsecamente perversa, conduz inevitavelmente à ruptura dos equilíbrios ecológicos, à destruição dos ecossistemas e às alterações climáticas.

xxxxxxx

Precisamos pensar, portanto, em alternativas radicais, alternativas que estabeleçam outro horizonte histórico, mais além do capitalismo, mais além das regras de acumulação capitalista e da lógica do lucro e da mercadoria. Como uma alternativa *radical* é aquela que *vai à raiz* do problema, que é o capitalismo, a alternativa seria o *ecossocialismo*, uma proposta estratégica resultante da convergência entre a reflexão ecológica e a reflexão socialista, a reflexão marxista. Existe, hoje, em escala mundial, uma corrente ecossocialista: há um movimento ecossocialista internacional, que, por ocasião do Fórum Social Mundial (FSM), realizado em Belém, em janeiro de 2009, publicou uma declaração sobre a mudança climática, e existe aqui, no Brasil, uma rede ecossocialista.

Ao mesmo tempo, o ecossocialismo é uma reflexão crítica. Em primeiro lugar, crítica à ecologia não socialista, à ecologia capitalista ou reformista, que considera possível reformar o capitalismo, alcançar um capitalismo mais verde, mais respeitoso com o meio ambiente. Trata-se da crítica e da busca de superação dessa ecologia reformista, limitada, que não aceita a perspectiva socialista, que não se relaciona com o processo da luta de classes, que não coloca a questão da propriedade dos meios de produção.

No entanto, o ecossocialismo também é uma crítica ao socialismo produtivista, não ecológico, por exemplo, da União Soviética, em que a perspectiva socialista se perdeu rapidamente com o processo de burocratização e o resultado foi um processo de industrialização tremendamente destruidor do meio ambiente. Há outras experiências socialistas, porém, mais interessantes do ponto de vista ecológico, como a experiência cubana, por exemplo.

Desse modo, o ecossocialismo implica uma crítica profunda, uma crítica radical das experiências e das concepções tecnocráticas, burocráticas e não ecológicas de construção do socialismo. Isso nos exige, também, uma reflexão crítica sobre a herança marxista, o pensamento e a tradição marxista, sobre a questão do meio ambiente. Muitos ecologistas criticam Marx por considerá-lo tão produtivista quanto os capitalistas. Tal crítica me parece completamente equivocada: ao fazer a crítica do fetichismo da mercadoria, é justamente

Marx quem apresenta a crítica mais radical à lógica produtivista do capitalismo, à ideia de que a produção de mais e mais mercadorias é o objetivo fundamental da economia e da sociedade.

O objetivo do socialismo, explica Marx, não é produzir uma quantidade infinita de bens, mas reduzir a jornada de trabalho, dar ao trabalhador tempo livre para participar da vida política, estudar, jogar, amar. Portanto, Marx fornece as armas para uma crítica radical do produtivismo e, notadamente, do produtivismo capitalista. No primeiro volume de *O capital*, Marx explica como o capitalismo esgota não apenas as energias do trabalhador, mas também as próprias forças da Terra, esgotando as riquezas naturais, destruindo o próprio planeta. Assim, essa perspectiva e essa sensibilidade estão presentes nos escritos de Marx, embora não tenham sido suficientemente desenvolvidas.

O problema é que a afirmação de Marx — e, mais ainda, de Engels — de que o socialismo é a solução da contradição entre o desenvolvimento das forças produtivas e as relações de produção foi interpretada por muitos marxistas de forma mecânica: o crescimento das forças produtivas do capitalismo se choca com os limites, que são as relações de produção burguesas — a propriedade privada dos meios de produção —, e, portanto, a tarefa da revolução socialista seria simplesmente destruir as relações de produção existentes, a propriedade privada, permitindo assim o livre desenvolvimento das forças produtivas.

Parece-me que essa interpretação de Marx e de Engels deve ser criticada, porque pressupõe que as forças produtivas são algo neutro; o capitalismo as teria desenvolvido até certo ponto e não pôde ir além porque foi impedido por aquela barreira, aquele obstáculo que deve ser afastado para permitir uma expansão ilimitada. Essa visão deixa de lado o fato de que as forças produtivas existentes não são neutras: elas são capitalistas em sua dinâmica e em seu funcionamento e, portanto, são destruidoras da saúde do trabalhador, bem como do meio ambiente. A própria estrutura do processo produtivo, da tecnologia e da reflexão científica a serviço dessa tecnologia e desse aparelho produtivo é inteiramente impregnada pela lógica do capitalismo e leva inevitavelmente à destruição dos equilíbrios ecológicos do planeta.

O que se necessita, por conseguinte, é de uma visão muito mais radical e profunda do que é uma revolução socialista. Trata-se de transformar não apenas as relações de produção, as relações de propriedade, mas também a própria estrutura das forças produtivas, a estrutura do aparelho produtivo. Há que aplicar ao aparelho produtivo a mesma lógica que Marx aplicava ao aparelho de Estado a partir da experiência da Comuna de Paris, quando ele diz o seguinte: os trabalhadores não podem se apropriar do aparelho de Estado burguês e usá-lo a serviço do proletariado. Isso não é possível, porque o aparelho do Estado burguês nunca vai estar a serviço dos trabalhadores. Então, trata-se de destruir esse aparelho de Estado e criar outro tipo de poder.

Essa lógica precisa ser aplicada também ao aparelho produtivo: ele tem que ser, se não destruído, ao menos radicalmente transformado. Ele não pode ser simplesmente apropriado pelos trabalhadores, pelo proletariado, e posto a trabalhar a seu serviço, mas precisa ser estruturalmente transformado. A título de exemplo, o sistema produtivo capitalista funciona com base em fontes de energia fósseis — o carvão e o petróleo —, responsáveis pelo aquecimento global, de modo que um processo de transição para o socialismo só seria possível com a substituição dessas formas de energia pelas energias renováveis, que são a água, o vento e sobretudo a energia solar. Por isso, o ecossocialismo implica uma revolução do processo de produção das fontes energéticas. É impossível separar a ideia de socialismo, de uma nova sociedade, da ideia de novas fontes de energia, em particular do sol — alguns ecossocialistas falam de *comunismo solar*, pois haveria uma espécie de afinidade eletiva entre o calor, a energia do sol e o socialismo e o comunismo.

Mas não basta, tampouco, transformar o aparelho produtivo, é necessário transformar também o estilo, o padrão de consumo, todo o modo de vida em torno do consumo, que é o padrão do capitalismo baseado na produção em massa de objetos artificiais, inúteis e até perigosos. A lista de produtos, mercadorias e atividades empresariais inúteis e nocivos aos indivíduos é imensa.

Tomemos um exemplo evidente: a publicidade. A publicidade é um desperdício monumental de energia humana, trabalho, papel, árvores destruídas para gasto de papel, eletricidade etc., e tudo isso para convencer o consumidor de que o sabonete X é melhor que o sabonete Y — eis um exemplo evidente do desperdício capitalista. Logo, trata-se de criar um novo modo de consumo e um novo modo de vida, baseado na satisfação das verdadeiras necessidades sociais, que é algo completamente diferente das pretensas e falsas necessidades produzidas artificialmente pela publicidade capitalista.

É necessária uma reorganização do conjunto do modo de produção e de consumo, baseada em critérios externos ao mercado capitalista: as necessidades reais da população e a defesa do equilíbrio ecológico. Isso significa uma economia de transição ao socialismo, na qual a própria população — e não as "leis do mercado" ou um *bureau* político autoritário — decide, num processo de planificação democrática, as prioridades e os investimentos. Essa transição conduziria não apenas a um novo modo de produção e a uma sociedade mais igualitária, mais solidária e mais democrática, mas também a um *modo de vida alternativo*, a uma *nova civilização*, ecossocialista, mais além do reino do dinheiro, dos hábitos de consumo artificialmente induzidos pela publicidade e da produção ao infinito de mercadorias inúteis.

Se ficarmos só nisso, porém, seremos criticados como utópicos. Os utópicos são aqueles que apresentam uma bela perspectiva de futuro e a imagem de outra sociedade, o que é obviamente necessário, mas não é suficiente. O ecossocialismo não é só a perspectiva de uma nova civilização, uma civilização da solidariedade — no sentido profundo da palavra, solidariedade entre os humanos, mas também com a natureza —, como também uma estratégia de luta, desde já, aqui e agora. Não vamos esperar pela transformação do mundo. Não, vamos começar desde já, agora, a lutar por esses objetivos.

O ecossocialismo é uma estratégia de convergência das lutas sociais e ambientais, das lutas de classe e das lutas ecológicas, contra o inimigo comum, que são as políticas neoliberais, a Organização Mundial do Comércio (OMC), o Fundo Monetário Internacional (FMI), o imperialismo americano e o capitalismo global. Esse é o inimigo comum dos dois movimentos, o movimento ambiental e o movimento social. Não se trata de uma abstração, há muitos exemplos; aqui mesmo, no Brasil, como um belo exemplo de luta ecossocialista, tivemos o combate heroico de Chico Mendes, que pagou com a vida o seu compromisso de luta com os oprimidos.

Como essa, há muitas outras lutas. No Brasil, em outros países da América Latina e no mundo inteiro, cada vez mais se dá essa convergência. Mas ela não ocorre espontaneamente, tem que ser organizada de maneira consciente pelos militantes, pelas organizações, é preciso construir uma estratégia ecossocialista, uma estratégia de luta em que vão convergindo as lutas sociais e as lutas ecológicas. Essa me parece ser a resposta ao desafio, a perspectiva radical de uma transformação revolucionária da sociedade para mais além do capitalismo. Precisamos de uma perspectiva de luta contra o capitalismo, de um paradigma de civilização alternativo, e de uma estratégia de convergência das lutas sociais e ambientais, desde agora plantando as sementes dessa nova sociedade, desse futuro, plantando sementes do ecossocialismo.

A alternativa ecossocialista implica, em última análise, uma transformação revolucionária da sociedade. Mas o que significa *revolução*? Numa interessante passagem de suas notas para as *Teses sobre o conceito de história* (1940), Walter Benjamin propõe uma nova definição de revolução, que me parece muito atual: "Marx disse que as revoluções são a locomotiva da história mundial. Mas, talvez as coisas se apresentem de maneira distinta. Pode ser que as revoluções sejam o ato pelo qual a humanidade que viaja no trem puxa os freios de emergência"[8].

Implicitamente, a imagem sugere que, se a humanidade permite ao trem seguir seu caminho — já traçado pela estrutura de ferro dos trilhos — e nada detém sua corrida vertiginosa, vamos diretamente para um desastre. Numa entrevista ao jornal francês *Le Monde*, de 5 de setembro de 2009, Ban Ki-moon, o ex-secretário-geral das Nações Unidas (2007-2017) — um personagem que nada tem de revolucionário —, propunha o seguinte diagnóstico sobre a questão ambiental: "Nós" — dizia ele, sem dúvida referindo-se aos governos do planeta — "estamos com o pé colado no acelerador e nos precipitamos para o abismo".

Em suas *Teses* de 1940, Walter Benjamin definia como uma "tempestade" o *progresso destrutivo* que acumula as catástrofes. A mesma palavra, "tempestade", está presente no título, que parece inspirado por Benjamin, do livro de James Hansen, o célebre climatologista da Agência Espacial Norte-Americana (Nasa) e um dos maiores especialistas em mudança climática no mundo. O livro foi publicado no Brasil com o título *Tempestades dos meus netos: mudanças*

---

8. BENJAMIN, Walter. *Gesammelte Schriften*. Frankfurt: Suhrkamp Verlag, 1972, I, 3. p. 1232. A citação de Marx a que se refere Benjamin encontra-se no livro *Lutas de classe na França*, de 1850 (*Die Revolutionen sind die Lokomotiven der Geschichte*).

climáticas e as chances de salvar a humanidade. Hansen tampouco é um revolucionário, mas sua análise da "tempestade" (HANSEN, 2009) — que para ele, como para Benjamin, é uma alegoria de algo muito mais ameaçador: o dilúvio que se aproxima — o aquecimento global — é de uma impressionante lucidez.

No século XXI, estamos assistindo a um "progresso" cada vez mais rápido do trem suicida da civilização industrial/capitalista rumo ao abismo, um abismo que se chama catástrofe ecológica. É importante levar em conta a aceleração crescente do trem, a vertiginosa velocidade com a qual se aproxima do desastre. Precisamos puxar os freios de emergência da revolução, antes que seja tarde demais.

Referências

BENJAMIN, Walter. Thèses sur la philosophie de l'histoire. *In*: BENJAMIN, Walter. *L'Homme, le langage et la culture*. Paris: Denoël, 1971.

BENJAMIN, Walter. *Sens unique*. Paris: Lettres-Maurice Nadau, 1978.

BENSAÏD, Daniel. *Marx l'intempestif*. Paris: Fayard, 1995.

DICKENS, Charles. *Les Temps difficiles*. Paris: Gallimard, 1985.

DICKMANN, Julius. La véritable limite de la production capitaliste. *La Critique Sociale*, n. 9, set. 1933.

ENGELS, Friedrich. *Dialectique de la nature*. Paris: Les Éditions Sociales, 1968.

ENGELS, Friedrich. *Esboço para uma crítica da economia política*: e outros textos da juventude. Tradução: Nélio Schneider; Ronaldo Vielmi Fortes; José Paulo Netto; Maria Filomena Viegas. São Paulo: Boitempo, 2021.

FOSTER, John Bellamy. Ecology against capitalism. *Monthly Review*, v. 53, n. 5, out. 2001.

HANSEN, James. *Storms of my grandchildren*: the truth about the coming climate catastrophe and our last chance to save humanity. Nova York: Bloomsbury, 2009. [Ed. bras.: *Tempestades dos meus netos*: mudanças climáticas e as chances de salvar a humanidade. São Paulo: Editora Senac, 2013.]

KOVEL, Joel. *The enemy of nature*: the end of capitalism or the end of the world? Nova York: Zed Books, 2002.

LOVEJOY, Derek. Limits to growth? *Science and Society*, 60, 3, Special Issue, "Marxism and Ecology", Fall 1996.

MANDEL, Ernest. *Power and money*: a marxist theory of bureaucracy. London: Verso Books, 1992.

MARTINEZ-ALIER, Joan. Political ecology, distributional conflicts and economic incommensurability. *New Left Review*, n. 211, p. 83-84, maio/jun. 1995.

MARX, Karl. *Fondements de la critique de l'économie politique*. Paris: Anthropus, 1967.

MARX, Karl. *Le Capital*. Paris: Les Éditions Sociales, 2016. t. I.

MARX, Karl; ENGELS, Friedrich. *L' Idéologie allemande*. Paris: Les Éditions Sociales, 2012.

MIES, Maria. Liberación del consumo, o politización de la vida cotidiana. *Mientras Tanto*, Barcelona, n. 48, jan./fev. 1992.

O'CONNOR, James. *L' Écologie, ce matérialisme historique*. Paris: PUF, 1992.

O'CONNOR, James. *Natural cause*: essays in ecological marxism. New York: The Guilford Press, 1998.

O'CONNOR, James. La Seconde contradiction du capitalisme: causes et conséquences. *Actuel Marx*, n. 12, 1992.

RIECHMANN, Jorge. *¿Problemas con los frenos de emergencia?*: Movimientos ecologistas y partidos verdes en Holanda, Alemania y Francia. Madrid: Talasa Ediciones, 1991.

RIECHMANN, Jorge. *De la economía a la ecología*. Madrid: Trotta, 1995.

RIECHMANN, Jorge. El socialismo puede llegar sólo en bicicleta. *Papeles de la Fundación de Investigaciones Marxistas*, Madrid, n. 6, 1996.

ROUSSET, Pierre. Convergence de combats. L' écologique et le social. *Rouge*, 16 maio 1996.

SCHWARTZMAN, David. Solar communism. *Science & Society*, v. 60, n. 3, Special Issue "Marxism and Ecology", Fall 1996.

SUMMERS, Larry. Let them eat pollution. *The Economist*, 8 fev. 1992.

2
Crise do capital, questão ambiental e desenvolvimento agrário no Brasil

Maria das Graças e Silva
Raquel Santos Sant'Ana

Introdução

Um simples olhar à nossa volta e tudo nos parece às avessas. Se há muito vimos debatendo sobre a natureza, o caráter e a extensão da crise contemporânea, subitamente o relógio da história se acelera como a nos avisar que nestes tempos a vida social não "passa por planos pensados a régua e esquadro". Em meio ao vendaval, exponenciado pela covid-19, adjetivos transbordam e fala-se do entrecruzamento de várias crises: econômica, sanitária, política, ambiental, de saúde pública, dentre tantas. Fato é que se torna cada vez mais irrefutável a assertiva de que o modo de produção capitalista está mergulhado em profunda e complexa crise, desafiando-nos à produção de conhecimento crítico. Os apontamentos aqui desenvolvidos apoiam-se nas contribuições da *Crítica da economia política*, na busca por apontar reflexões que ultrapassem as dicotomias ou fragmentações, ao adotar a totalidade[1] como categoria essencial para o desvelamento dos processos sociais no movimento da história.

A abordagem aqui adotada indica que a conjuntura atual, longe de se remeter a fatores isolados ou locais, representa um momento de agudização da crise estrutural do capital, aberta desde meados da década de 1970, assumindo uma forma de crise endêmica (ANTUNES, 2002), na qual se constatam momentos de "tempestades" e de alguma (embora cada vez mais instável e aparente) "calmaria". Para Mészáros (2002, p. 795-796), desde essa década o sistema capitalista vive uma crise sem precedentes, uma crise de seus mecanismos civilizatórios; como crise estrutural, afeta a totalidade do sistema do capital "em todas as relações com suas partes constituintes ou subcomplexos".

Por sua vez, a assunção da natureza estrutural da crise não deve ser entendida como ponto de chegada ou mesmo um conceito abstrato, e sim como síntese das principais tendências da atual reprodução ampliada do capital, em que as relações sociais de produção burguesas travam o desenvolvimento das forças produtivas ou constrangem as suas potencialidades emancipatórias (NETTO; BRAZ, 2006).

Os traços predatórios e os processos destruidores com tempo de gestação longo são destacados por Chesnais e Serfati (2003) como

---

1. A totalidade aqui é entendida como "um complexo constituído de complexos subordinados" e não se confunde com o "todo" como a mera soma das partes. Assim, "a totalidade concreta e articulada que é a sociedade burguesa é uma *totalidade dinâmica* — seu movimento resulta do caráter *contraditório* de *todas* as totalidades que compõem a totalidade inclusiva e macroscópica. Sem as contradições, as totalidades seriam *totalidades inertes*, mortas — e o que a análise registra é precisamente a sua contínua transformação" (NETTO, 2011, p. 56-57).

indicadores decisivos e necessários à retomada e apropriação de uma crítica radical do capitalismo e da dominação burguesa, não apenas através da obra de Marx, mas fundamentalmente por meio de seu método de análise do capital e da constituição e desenvolvimento do modo de produção capitalista. Esse recurso possibilita a apreensão não só dos traços predatórios, mas também das tendências à transformação das forças inicial e potencialmente produtivas em forças destrutivas, tendências essas já inscritas nos fundamentos do capitalismo e que avançam fortemente no tempo presente. Os autores lembram que as advertências de Marx sobre as forças destrutivas (o maquinismo e o dinheiro) demonstravam suas preocupações com o destino dos proletários, de suas famílias e das camadas ainda não proletarizadas. Isso reafirma que o processo inicial de constituição do capitalismo, através da expropriação das condições de existência dos produtores, que mais tarde vão formar o proletariado, já era uma ameaça concreta, desde a acumulação primitiva até as condições físicas de reprodução social, tendo como referência central o caráter destrutivo do capital.

O objetivo deste capítulo é problematizar a destrutividade ambiental na atual conjuntura do Brasil, evidenciando sua intrínseca e direta relação com o modelo capitalista de desenvolvimento agrário hegemônico no mundo, e que, na particularidade brasileira, assume características profundamente predatórias, ameaçando uma das maiores biodiversidades do planeta. Urge, portanto, o desafio de perscrutar suas expressões atuais, a ofensiva antiecológica e a agenda regressiva do governo Bolsonaro, bem como os elos que as vinculam à dinâmica societária, a fim de desfazer mitos e produzir a arma da crítica.

Esperamos contribuir para a politização do debate ambiental na sociedade brasileira, particularmente no espaço agrário, reafirmando a importância das lutas sociais contra o sistema do capital. No campo brasileiro, as lutas por reforma agrária e agroecologia para o alcance da soberania alimentar se apresentam como um universo de articulações e enfrentamentos, em que é vital o processo de fortalecimento de sujeitos coletivos em luta, a exemplo do Movimento dos Trabalhadores Rurais Sem Terra (MST), buscando construir outro modelo agrário e agrícola, para a superação da ampla desigualdade social em nosso país.

1. Crise capitalista, agronegócio e destrutividade ambiental: alguns fios condutores

As quatro últimas décadas têm sido marcadas pela profunda exacerbação das contradições sociais. O sistema do capital atualiza os mecanismos de exploração do trabalho, com o apoio de novas tecnologias, as quais possibilitaram a obtenção de economia de trabalho vivo e o rebaixamento do valor da força de trabalho em todo o mundo[2]. Entretanto, o capital não se limita ao aprofundamento da exploração do trabalho: a gestão dos negócios burgueses exige a mais ampla liberdade para operar no mercado, de conjunto. Premido pela crise de superprodução e pelos constrangimentos à valorização do valor, o capital impõe a hegemonia do rentismo e da especulação a toda a economia: da produção material (incluindo a produção de alimentos) aos serviços, da ciência às inovações tecnológicas, à arte, à política, enfim, às distintas dimensões da vida social. Assim, a "mundialização do capital" (CHESNAIS, 2005) passa a definir os ritmos e condições da acumulação de capitais, a partir de um sistema globalmente interligado de mercados

---

2. Os processos de reestruturação produtiva, amplamente tratados na bibliografia especializada, dão conta de uma profunda precarização das relações e condições de trabalho — a exemplo do trabalho domiciliar, parcial, por conta própria, "por peça" e, mais recentemente, do trabalho intermitente, simbolizado pela "uberização" —, agravada pelo movimento de refuncionalização do papel do Estado, de inspiração neoliberal, o que levou à derrocada das estruturas protetivas do trabalho e à ampla liberdade para o capital apropriar-se do fundo público em favor da acumulação.

financeiros, no qual se multiplicam os papéis e as apostas e onde o risco é mediação essencial.

A natureza "extensa" ou "permanente" da crise estrutural não a livra de oscilações importantes ou surtos produzidos pela queda mais ou menos abrupta da taxa de lucros, inicialmente localizada e que acaba por se espraiar, reiterando o caráter global da crise, impactando ainda que desigualmente em tempo, ritmos e intensidades distintas a economia mundial e seus diversos países, fazendo recair mais fortemente os ônus sobre os países periféricos aos centros capitalistas. É nessa dinâmica que se inscreve a crise de 2008 nos Estados Unidos, senão única, a mais avassaladora das quatro últimas décadas[3].

À crise de 2008 combina-se a atual vaga carreada pela pandemia da covid-19, escancarando a crise estrutural, com uma onda recessiva em escala global. A despeito de em 2019 já se desenhar uma desaceleração da economia mundial, marcadamente na Europa, nos Estados Unidos e na China, o fato é que a pandemia a alavancou e a agravou.

> As razões disso são os agravamentos das suas contradições capitalistas e o acirramento dos conflitos interimperialistas, como a chamada "guerra comercial". As contradições do capitalismo se expressam atualmente no sistema imperialista mundial por meio do baixo crescimento da produtividade, da estagnação da produção, dos investimentos e das exportações (com impacto nos preços das *commodities*), da explosão do capital fictício e dos níveis recordes de endividamento (público e privado) e no aumento da desigualdade. Todos esses fatores têm contribuído para a trajetória de redução das taxas de lucros que os principais países imperialistas apresentam nos últimos anos, indicando a futura crise. (COLETIVO CEM FLORES, 2020, p. 12-13)

---

3. Esta, motivada pelo "colapso hipotecário", pode ser interpretada como expressão e síntese das contradições que o capital enfrenta nesta etapa de seu desenvolvimento, em que as iniciativas voltadas para a superação da crise anterior, dentre estas o giro do capital excedente para a roda especulativa, acabam por deflagrar novas e mais profundas crises, cujas saídas só podem ser construídas pelo capital à custa do aumento da exploração do trabalho e das expropriações de todas as ordens.

À classe trabalhadora, não bastassem todos os riscos e custos que vem assumindo desde o início da crise, é-lhe reservado o gosto amargo do desemprego[4], do agravamento da precariedade do trabalho, da piora nas condições de vida e da fome, para manter os lucros do capital, pois, se "as crises financeiras servem para racionalizar as irracionalidades do capitalismo [...], levam a reconfigurações, novos modelos de desenvolvimento, novos campos de investimento e novas formas de poder de classe" (HARVEY, 2011, p. 18).

Por outro lado, no lastro da crise estrutural, ganha relevo a avassaladora destrutividade ambiental levada a termo pelo capital, de tal sorte que a perpetuação do sistema atenta contra as condições essenciais de reprodução da vida em termos planetários[5]. Essa tendência se exponencia na etapa de crise estrutural, posto que o sistema capital opera uma "conversão das forças produtivas em forças de destruição", manifesta no acréscimo do parasitismo, no desperdício sem paralelo e na incapacidade inerente ao capitalismo de generalizar as vastas potencialidades dos avanços tecnológicos que opera (MANDEL, 1978). Essa tendência crescentemente perdulária e destrutiva — que tem na obsolescência programada das mercadorias uma expressão mais sofisticada do desperdício, um dos seus pontos cruciais — revela a disposição do capital de avançar, de modo contínuo e avassalador, sobre a natureza, em dupla direção: por um lado, através da crescente depredação e privatização dos

---

4. A Organização Internacional do Trabalho (OIT) informa que a América Latina e o Caribe apresentam taxa de desocupação de 9,6% (2021) e metade dos trabalhadores no setor informal. Dos 49 milhões de empregos perdidos no pior momento da crise por causa da pandemia (2020), 4,5 milhões ainda precisam ser recuperados (OIT, 2022).

5. Ora, se o mundo burguês converte, pela primeira vez, os bens naturais em simples "objeto para a humanidade, puramente uma questão de utilidade", deixando estes de ser reconhecidos como "um poder em si", no desenvolvimento das relações sociais burguesas, o valor da natureza, como supridora de necessidades sociais, é subsumido ao valor de troca: a natureza passa a ser valorizada apenas como mercadoria. Desse modo, ao submeter a natureza às necessidades da acumulação, o capital assume seu caráter cada vez mais destrutivo, visto que se trata de um sistema que se assenta na produção infinita, em contraste com um planeta finito ou de potencialidades limitadas.

bens naturais, a fim de alimentar o circuito voraz da produção e do consumo — o que implica a necessidade precípua de controle sobre os ecossistemas planetários e sua irracional manipulação —, e, por outro, da produção exacerbada de dejetos e poluentes diversos. Essa tendência tem acarretado perda da biodiversidade em todos os níveis (água doce, solo, sementes, o ar, os mares, a flora e a fauna) e diminuição da capacidade de recomposição dos ciclos vitais[6].

Além da instituição da descartabilidade, outra estratégia privilegiada do capital para fazer face a sua crise é a submissão dos bens naturais à financeirização. Trata-se da transformação de atividades relacionadas ao manejo de processos naturais em *commodities* (ativos financeiros). Esse movimento ganhou impulso sobretudo a partir da crise imobiliária dos EUA, quando água, etanol, petróleo, gás, alimentos, minérios etc. passaram a ser alvo de apostas, um ambiente destinado à especulação (e não a acessar produtos), resultando, por um lado, em crescente pressão sobre a produção material para que acompanhe o ritmo e as tendências das apostas e, por outro, nas apostas, baseadas em "estudos técnicos" sobre as expectativas futuras, que acabam por definir os preços finais das *commodities*[7]. Nesses termos:

---

6. Estudo produzido por especialistas de instituições acadêmicas e científicas, apoiados pelo Programa das Nações Unidas para o Meio Ambiente (PNUMA), aborda ligações entre a economia mundial, a população e a extração/comércio de materiais por quatro décadas, em 185 países. O referido painel informa que, nas últimas cinco décadas, a população duplicou e o uso de recursos naturais mais do que triplicou. A extração e o processamento de recursos naturais por mais de 90% da nossa biodiversidade vêm provocando perda, estresse hídrico e aproximadamente metade dos impactos das mudanças climáticas. Se continuarmos com a tendência atual, o uso de recursos naturais dobrará em 2050 e causará consequências irreversíveis. International Resource Panel. *Global Material Flows Database*, 30 ago. 2022. Disponível em: www.resourcepanel.org/global-material-flows-database. Acesso em: 28 dez. 2023. (Tradução nossa.)

7. Em artigo intitulado "As *commodities* e a crise financeira", escreve Orlando Monteiro da Silva (2008): "A desaceleração da economia dos Estados Unidos, por conta da crise imobiliária, tem provocado uma fuga dos investidores dos títulos das empresas financeiras naquele país para aplicação em *commodities*. Assim, um mercado que anteriormente era afetado basicamente pelos fatores reais de oferta e demanda passa a ser influenciado pela diversificação de investimentos ou pela especulação financeira, com efeito direto na elevação dos preços".

A "capitalização da natureza" não só expressa a sua mercantilização, mas também cria um novo campo de acumulação e valorização que se alimenta da destruição acelerada dos recursos naturais que, através de um certo "direito de poluir", causam danos irreversíveis à biosfera. (BRUCKMANN, 2012, p. 11, tradução nossa, grifos do autor)[8].

Nesse sentido, aumentam as disputas em torno do controle dos ecossistemas e de suas potencialidades não apenas como fornecedores de matérias-primas — sejam estas destinadas à produção ou à especulação —, mas também como fonte de produção de conhecimento sobre a vida, sobre novos materiais, possibilitada pelo avanço científico e tecnológico: a biogenética, as nanotecnologias, a geoengenharia, a ciência da computação, dentre outros. É salutar relembrar Foladori (2001, p. 113): "Quando o capital se apropria de condições naturais 'virgens', embolsa de uma só vez o produto da *fertilidade natural histórica*, como ocorre com a madeira da selva tropical, ou na mineração. Apropria-se da natureza gratuitamente"[9].

A disputa em torno dos recursos naturais torna-se cada vez mais dura — ideológica, política e militarmente —, como sinalizam as investidas norte-americanas no sul do continente. São disputas globais por hidrocarbonetos, minérios, madeira, pela gestão da biodiversidade, em face das novas ciências, das possibilidades de inovação, além do controle sobre as fontes de água, de energia e

---

8. No original: "La 'capitalización de la naturaleza' no sólo expresa su mercantilización, sino que crea un nuevo campo de acumulación y de valorización que se nutre de la destrucción acelerada de los recursos naturales que, a través de un cierto 'derecho a contaminar', provocan daños irreversibles a la biósfera" (BRUCKMANN, 2012, p. 11).

9. Explica-se por essa via o surgimento de conceitos como: Capital Natural, "Nature-based Solutions (NbS)", "Economia Verde", Bioeconomia, cujo argumento baseia-se na substituição das intervenções humanas mais agressivas por práticas inspiradas nos ecossistemas para enfrentar os problemas e as necessidades humanas. Entretanto, esse lastro ideológico tem servido às grandes corporações e seus Estados para implementarem contínua e sistematicamente a expropriação fundiária no campo e nas cidades, a exemplo das sementes transgênicas, que tornam os produtores dependentes do mercado capitalista.

da produção de alimentos, revelando a necessidade de controle dos países centrais em relação aos recursos naturais localizados nos países periféricos. Desenha-se aqui o que Foladori (2002) denominou de nova "divisão internacional dos custos ambientais", marcada pela exportação não apenas da atividade extrativista (mineral e vegetal) para as zonas periféricas, como também de atividades como a agricultura capitalista, que demandam uso intensivo de recursos naturais (água, energia, grandes extensões de terra) ou, ainda, de plantas industriais poluentes, todas degradantes do meio ambiente e cujos ônus recaem especialmente sobre os territórios dos povos tradicionais e da classe trabalhadora.

O saque dos recursos naturais impulsiona os países centrais a derrubarem os obstáculos para sua obtenção, utilizando estratégias políticas, científicas e militares. Tais estratégias vão desde a ocupação direta, como demonstra a crescente presença dos EUA na América do Sul: Peru, Colômbia, Brasil (Alcântara), dentre tantos, até a aposta na instabilidade política, com o apoio a forças golpistas, alinhadas com as forças imperiais (Paraguai, Brasil, Venezuela, Bolívia[10]).

Ao fim e ao cabo, a natureza expansiva, anárquica e profundamente concentradora da produção da riqueza, na chegada ao século XXI, expõe a humanidade e — por que não dizer? — a vida planetária a duras ameaças. As ameaças que se fizeram sentir e que foram objeto de contestação desde o segundo pós-guerra na voz dos movimentos de contracultura, ambientalistas, camponeses e segmentos diversos assumem hoje tons dramáticos e invocam um debate de natureza civilizacional, posto que expõem, a largas vistas, os riscos que o sistema do capital promove: a artificialização da agricultura

---

10. Segundo o almirante Craig S. Faller, comandante do Comando Sul dos Estados Unidos, na América Latina há "rodízios recorrentes de pequenas equipes de forças de operações especiais, soldados, marinheiros, aviadores, fuzileiros navais, guardas costeiras e funcionários da Guarda Nacional". E conclui: "Não há outra região da qual dependemos mais para nossa prosperidade e segurança do que a América Latina e o Caribe".

e da pecuária, a manipulação irracional dos ecossistemas, das quais resulta a proliferação de zoonoses (cuja expressão mais sentida é a covid-19), a mercantilização indiscriminada dos bens comuns da natureza (fauna, flora), a poluição e o uso perdulário das fontes de água e as mudanças climáticas com seus efeitos devastadores sobre o planeta são evidências nítidas desse processo.

O destaque dado a esses fenômenos, umbilicalmente conectados, não é aleatório: devido a seu caráter transfronteiriço e abrangência universal, afetando o conjunto dos ecossistemas, a questão climática é sem dúvida uma ameaça dramática, assumindo um caráter político essencial na atualidade. De acordo com o Sexto Relatório do IPCC (AR6 WGIII)[11], se a temperatura média subir mais de 1,5 °C acima do período pré-industrial, é provável que se verifique um processo irreversível de mudança climática com impactos brutais sobre a vida na Terra: a multiplicação de megaincêndios; o desaparecimento de rios e a desertificação de terra; o derretimento e a desintegração da calota polar e a elevação do nível do mar em até dezenas de metros. Isso torna as mudanças climáticas uma questão política central (LÖWY, 2019).

Por sua vez, a covid-19, já considerada uma das mais devastadoras pandemias de que se tem registro, longe de ser um fenômeno acidental, demonstra os riscos da crescente destruição dos *habitats* de inúmeras espécies, colocando-as cada vez mais próximas do convívio humano, carreando vírus ou agentes diversos, que não causam danos aos seus hospedeiros naturais, mas podem ser mortíferos para os humanos. Entretanto, o mais grave é o intercâmbio forçado, promovido pelo homem, entre animais silvestres e animais domésticos, já que a busca pela lucratividade leva à captura predatória dos primeiros

---

11. Cf. Painel Intergovernamental para Mudanças Climáticas (IPCC). *Sumário para formuladores de políticas*. Disponível em: https://www.ipcc.ch/site/assets/uploads/2019/07/SPM-Portuguese-version.pdf. Acesso em: 15 jul. 2020.

para consumo humano e até a sua criação em cativeiro, violando suas condições mínimas de reprodução natural.

A grande agricultura capitalista, disfarçada com o nome fantasia de agronegócio, passa a compor sua cadeia produtiva com outros ramos da produção, inclusive com capital fictício que compõe os grandes conglomerados internacionais, os quais circulam pelo mundo em busca de lucro. Orientado por sua lógica expansiva — elemento imprescindível, pois estruturante do sistema capitalista —, esse capital, a partir de 2008, quando o capitalismo aprofunda sua crise estrutural, passa a buscar na privatização das políticas públicas e na natureza um caminho para a retomada dos lucros; daí o fato de as propostas neoliberais se acirrarem, especialmente nas economias dependentes, como é o caso dos países da América Latina. Agregue-se a isso o fato de esses países serem detentores de um vasto "capital natural" largamente disponível, ou seja, grande e rica biodiversidade e grandes extensões de terras agricultáveis. Segundo Oliveira, Beserra e Pignati (2021), o modelo de agricultura "químico-dependente" tem gerado o adoecimento dos trabalhadores vinculados às diversas cadeias produtivas do agronegócio, mas também da população em geral. Esses autores falam em exposição impositiva[12] ao veneno por parte das populações próximas a culturas que utilizam agrotóxicos em larga escala e demonstram isso apresentando diversos estudos realizados em alguns estados brasileiros, onde já é possível detectar vários componentes ativos de diversos agrotóxicos no leite materno, nos peixes e na água potável.

Em países como o Brasil, cuja diversidade de biomas é extremamente rica, essa realidade envolve não apenas o uso do solo, mas também a apropriação do subsolo, das águas e das florestas. Nos

---

12. Os autores fazem crítica aos termos *risco* e *exposição* usados pelas ciências da saúde, e principalmente pela epidemiologia, mostrando que são insuficientes para se referir à situação das populações que ficam expostas ao veneno não como algo ocasional ou esporádico, mas cotidianamente e de forma arbitrária.

limites deste texto, problematizaremos a conjuntura de retrocessos do governo Bolsonaro no tocante à regulação ambiental e fundiária, como parte do movimento de contratendências do capital no enfrentamento de sua crise estrutural.

2. A conjuntura brasileira pós-golpe de 2016 e os retrocessos socioambientais

Considerando que a crise estrutural do capital atinge desigualmente, no tempo e no espaço, as diversas nações e regiões do mundo, cabe-nos perscrutar acerca do lugar e das condições mediante as quais o Brasil se insere na dinâmica da crise, ressaltando os aspectos socioambientais. A resposta para essa questão requer o esforço de desvelar como se combinam, no presente, as tendências mais gerais que marcam estruturalmente a realidade brasileira como país dependente e periférico e sua dinâmica atual, marcada pela ofensiva do capital sobre o trabalho e sobre os bens naturais; interessa-nos, entretanto, oferecer alguns apontamentos para refletir sobre as investidas do capital, capitaneado pelo agronegócio, no sentido do desmonte do sistema público de gestão ambiental, a fim de expurgar as "barreiras" ao seu pleno desenvolvimento predatório.

No início da segunda década do século XXI, o Brasil apresenta uma confluência entre a recessão, agravada pela pandemia, a crescente instabilidade política — com o fortalecimento da extrema direita e do conservadorismo — e a rápida deterioração das condições de trabalho e de vida da classe trabalhadora, especialmente dos mais pobres, em que também se concentram os segmentos mais oprimidos, o que vem escancarar a acentuada desigualdade social que marca a formação social brasileira. Ela se manifesta pela superexploração do trabalho, da concentração da riqueza e do poder em mãos de setores das classes dominantes, estrategicamente associados ao capital internacional e de um Estado que cuida de atualizar — com sofisticados recursos da administração pública — os traços herdados e sucessivamente reiterados da condição colonial: a concentração da terra nas mãos de poucos, a agricultura monocultora para exportação, a expropriação e a violência encarniçada contra pobres, trabalhadores, negros, mulheres, pessoas LGBTQIA+, povos indígenas e quilombolas etc., além do esnobismo (verdadeiro escárnio) com que se ostentam o luxo e os reais privilégios da burguesia e de seus intelectuais, eternos instrumentos de aprofundamento da desigualdade social e superioridade étnico-racial.

De fato, a crise brasileira, como expressão desigual de um fenômeno estrutural, expressa o ciclo aberto com a crise norte-americana de 2008, cujos impactos mais severos se fizeram sentir, por aqui, a partir de 2014. Com a desaceleração da economia mundial e a queda dos preços das *commodities*, que havia impulsionado o chamado novo desenvolvimentismo, a crise mostra suas garras e desafia o pacto de classes que sustentou os governos comandados pelo Partido dos Trabalhadores desde 2003. Na realidade, esse cenário imposto pelo parasitismo das finanças encontra o país com reduzida capacidade de crescimento para fazer frente à tendência global, pois, em meio a uma concorrência feroz, o país não dispõe nem de competitividade dinâmica para enfrentar as economias centrais nem de competitividade espúria para fazer frente às economias asiáticas (SAMPAIO JR., 2011, p. 95).

Atada a uma teia que reitera a histórica associação subordinada ao grande capital transnacional, a burguesia local oferece como saída para a sua crise de lucratividade o aprofundamento da dependência, especialmente em relação aos EUA, a elevação dos níveis de exploração do trabalho, um maior controle e rapinagem do fundo público e uma ofensiva sobre os bens naturais do país para deles se apropriar em parceria com as corporações transnacionais[13]. Assim, ela (classe dominante), que nunca teve projeto de Nação, [...] "aceita a invasão externa a sangue-frio e especula com a transição neocolonial ou com as situações de dependência como uma fonte imaginária de vantagens relativas, de lucros e de poder" (FERNANDES, 1991, p. 33).

Como nos lembra Alves (2016), o sentido do golpe jurídico-parlamentar-midiático é a disputa em torno do modo de resolução das contradições abertas pela crise financeira de 2008/2009 no plano mundial, por meio de uma nova operação ideológica para que o Estado democrático de direito seja substituído por um Estado de exceção seletivo e perpétuo, capaz de manter alguns ritos democráticos, mas que revela toda a sua força para assegurar os interesses dominantes. Aqui a dialética de superação e continuidades desnuda a férrea tradição brasileira na qual o Estado atua para manter um padrão de acumulação que imponha o sentido e o ritmo da dinâmica econômica exigidos "desde fora", acomodando os diversos estratos da classe dominante, mediante a garantia de afastamento de quaisquer ameaças, sobretudo as insurgências sociais. Reafirma-se, assim, o caráter inconcluso da "Revolução Burguesa" no Brasil: perpetua-se a dependência em face do capital transnacional e o processo de democratização não passa de "expedientes de privilegiamento" dos interesses burgueses.

Embora o golpe que depôs a presidenta Dilma Rousseff em 2016 tenha reduzido provisoriamente as fissuras interburguesas em torno de um projeto de aprofundamento do neoliberalismo, em que acontece a quebra dos instrumentos reguladores do trabalho, da proteção social, da legislação ambiental, dentre outros, o fato é que nem o governo Temer nem o comandado por Bolsonaro estancaram

---

13. Para a economista mexicana Ana Esther Ceceña, membro do Conselho Latino-Americano de Ciências Sociais (Clacso), os interesses norte-americanos são claros: "os recursos naturais da América do Sul [...], as reservas de petróleo da Venezuela e do Brasil, o gás da Bolívia, a Amazônia e a água potável, abundante no continente" (FERNANDES, 2009).

a crise. Ao contrário, esta se aprofundou econômica e politicamente, agravada pela gestão desastrosa da pandemia da covid-19, resultando em verdadeira tragédia social com o aumento do desemprego, da precarização do trabalho e da miséria[14].

No jogo de forças implicado na gestão da crise brasileira, o agronegócio representa uma peça de destaque. Nas últimas décadas, o setor vem expandindo sua presença no Produto Interno Bruto (PIB) no país,[15] e, moto-contínuo, alarga o escopo de sua influência política e ideológica, fato que o implica diretamente, embora não exclusivamente, na conjuntura de retrocessos que teve no golpe de 2016 um momento predominante, deflagrando uma ofensiva brutal em torno da remoção de todos os mecanismos de regulação ambiental e social, tidos como obstáculos ao seu pleno desenvolvimento. Nesse sentido, a crise ambiental brasileira possui intrínseca relação com o modelo hegemônico de agricultura praticado no país e, inclusive, com suas consequências sociais.

Objetivamente, ao se territorializar, o modelo produtivo do agronegócio destrói a biodiversidade exatamente porque prevê o cultivo de um único produto em vastas extensões de terras, utilizando maquinário pesado e agrotóxicos em larga escala. Esse modelo "químico-dependente" (PIGNATI *et al.*, 2021) contraria a regra mais básica da natureza: a biodiversidade. Daí a sua dependência da utilização de veneno e diversos insumos químicos,

---

14. No *ranking*, que inclui as projeções do FMI para um conjunto de 102 países, o Brasil aparece com a 9ª pior estimativa de desemprego no ano (13,7%), bem acima da média global prevista para 2022 (7,7%), da taxa dos emergentes (8,7%), e é a segunda maior entre os membros do G20 — atrás só da África do Sul (35,2%) (cf. ALVARENGA, 2022).

15. Segundo o Instituto de Pesquisa Econômica Aplicada (Ipea), no ano de 2012, cerca de 22% do Produto Interno Bruto (PIB) foi gerado pelo agronegócio. Já em 2020, esse setor chegou a R$ 1,98 trilhão ou 27% do PIB brasileiro. Dentre os segmentos, a maior parcela é do ramo agrícola, que corresponde a 70% desse valor (R$ 1,38 trilhão), a pecuária corresponde a 30%, ou R$ 602,3 bilhões. Em 2021, as exportações do setor atingiram US$ 120,6 bilhões, uma alta de 19,7% na comparação com 2020.

promovendo drásticas alterações, ou mesmo destruição, nos ecossistemas onde se instala e no seu entorno. Em países do continente latino-americano e africano, além dos agrotóxicos, são utilizadas sementes geneticamente modificadas, cujos impactos sobre a natureza e a saúde humana ainda não foram devidamente analisados. A utilização de Organismos Geneticamente Modificados (OGMs) ou transgênicos representa uma ameaça à soberania dos povos, já que leva à perda do controle sobre as sementes, na medida em que elas são apropriadas por empresas privadas, na realidade, por conglomerados internacionais, que, além de modificá-las, utilizando-se dos conhecimentos da biotecnologia, passam a cobrar *royalties* pelo seu uso, intensificando as expropriações no campo; os riscos à saúde humana e à biodiversidade também são elementos fundamentais a serem considerados na utilização dos OGMs, pois sequer os estudos de impactos são devidamente realizados com análises mais conclusivas.

Pignati *et al.* (2021) classificam esse modelo de agricultura como "químico-dependente" e mostram o adoecimento dos trabalhadores ligados a suas diversas cadeias produtivas, bem como da população em geral.

> De fato, na contemporaneidade existe uma permanente produção de pandemias e desastres socioambientais que são derivados do modelo de produção-consumo do capitalismo globalizado e têm impactos de dimensão, extensão e gravidade como o processo produtivo do agronegócio quando consideramos toda sua cadeia que vai desde o desmatamento, a indústria da madeira, a pecuária, a agricultura, o transporte e a agroindústria. (PIGNATI *et al.*, 2021, p. 95)

Em países como o Brasil, o debate sobre o modelo de agricultura, portanto, é fundamental para pensarmos a questão ambiental, uma vez que o país tem grande diversidade de biomas e sua manutenção está relacionada não apenas ao regime de uso do solo, mas também à apropriação do subsolo, das águas e das florestas. Atualmente, a contaminação de aquíferos pelo uso intensivo de veneno nas culturas e pela atividade mineradora tem provocado danos que, sem uma inversão de rota, desencadearão um processo irreversível para a natureza e para os seres humanos.

Em sua análise, Thomaz Júnior (2017) reúne elementos que, embora componham intersecções fundamentais entre questão agrária e ambiental, muitas vezes não são abordados de forma conjunta. O autor trabalha com o conceito de agro-hidronegócio para se referir às disputas em torno da terra e da água, com consequências óbvias do ponto de vista social e ambiental. A seu ver, é preciso entender tudo isso de forma articulada, pois:

> [...] a luta pelo acesso à terra (áreas planas, férteis, baratas e com logística compatível) e à água (superficial e subterrânea), além da gestão de recursos hídricos, tem-nos possibilitado abordar a monopolização da terra — com a manutenção/intensificação da trajetória latifundista — e a degradação ambiental e do trabalho, no âmbito do que denominamos agrohidronegócio, no Brasil, enquanto expressão do modelo agroexportador brasileiro e sua marca destrutiva intrínseca. (THOMAZ JÚNIOR, 2017, p. 2)

Do ponto de vista social, o autor afirma que esse modelo de produção agudiza as desigualdades no campo, provendo a concentração da riqueza na mão de grupos oligopolistas e a generalização da pobreza dos trabalhadores cada vez mais precarizados e adoecidos pelos processos de trabalhos intensificados, desregulamentados e com uso intensivo de agrotóxicos. Do ponto de vista ambiental, temos uma situação que envolve a privatização não apenas das terras, mas também da água, o que compromete a soberania alimentar do país. Além disso, a posse dos grandes monopólios sobre esses bens ainda é efetivada a partir de recursos estatais, ou seja, com o aval do Estado. Todos esses fatores levam o autor a falar de degradação sistêmica do agro-hidronegócio sobre os territórios e sobre o trabalho, marcas indeléveis do capitalismo contemporâneo.

Durante o governo Bolsonaro (2018-2022), os marcos legais e regulatórios da gestão ambiental pública no Brasil foram desmantelados, assim como os diversos órgãos de governo responsáveis por efetivar políticas públicas voltadas para a reforma agrária, a demarcação de terras indígenas e quilombolas, dentre outros. Sob os auspícios de um governo de características protofascistas (LYRA, 2020), o Estado brasileiro não só recusa o dever constitucional do exercício da gestão pública do meio ambiente, como também incentiva diretamente o descumprimento da legislação por seus asseclas e admiradores, sejam proprietários de terras, mineradores, madeireiros, grileiros e especuladores ou capachos a serviço destes, assegurando-os previamente da impunidade por crimes contra o meio ambiente e mesmo contra a vida humana.

Nessa conjuntura, a ofensiva do capital sobre os recursos naturais se intensifica, com investidas em torno da privatização das águas (o país detém 12% da água doce do planeta) e da biodiversidade (especialmente na Amazônia e no Cerrado), incentivo à grilagem de terras públicas, expropriação dos povos tradicionais, em especial indígenas e quilombolas, envenenamento do solo e dos mananciais de água doce pelo agronegócio, dentre outros.

No interior dessa dinâmica irracional e voraz do capital, constatam-se retrocessos legais e efetivos na relação sociedade-natureza, com repercussões para as atuais e futuras gerações. Com o aprofundamento da crise e diante da ausência de um movimento coordenado e amplo que enfrente diretamente a ordem instituída, a agenda de contrarreformas e a destrutividade ambiental seguem com vigor, atendendo aos interesses diretos do agronegócio, cujo poder político aumentou vertiginosamente, desde que se operou no país uma "reversão colonial" como expressão e síntese de uma "nova dependência" (SAMPAIO JR., 2011).

Essa tendência regressiva teve no governo Bolsonaro sua mais acabada expressão. Em franco alinhamento com os interesses das corporações transnacionais, o poder central e seus aliados perpetraram um conjunto de contrarreformas que abrangiam desde a quebra dos instrumentos protetivos do trabalho até o desmonte dos instrumentos da gestão ambiental pública, sua legislação, seus órgãos executores, como condição para a entrega das fontes nacionais de toda a riqueza — o trabalho e seus recursos naturais — ao grande capital.

Dada a sua extensão, este vem se confirmando como o maior desmonte da política ambiental brasileira, conforme se vê: a) desestruturação do Instituto Brasileiro do Meio Ambiente e dos Recursos Naturais Renováveis (Ibama) e do Instituto Chico Mendes de Conservação da Biodiversidade (ICMbio), com a quebra da autonomia de técnicos e de segurança em campo para fiscais ambientais; b) transferência do Serviço Florestal Brasileiro do Ministério do Meio Ambiente para o Ministério da Agricultura; c) flexibilização e redução das multas por crimes ambientais, e criação do "Núcleo de Conciliação", que poderá até mesmo anular multas por crimes ambientais; d) negação dos dados do desmatamento, produzidos pelo Sistema Deter, do Instituto Nacional de Pesquisas Espaciais (Inpe), que realiza o ágil diagnóstico de áreas desmatadas; e) liberação do "Pacote do Veneno", com alguns dos agrotóxicos proibidos na Europa e nos Estados Unidos; f) proposta de uma regularização fundiária autodeclaratória, que permitiria a grileiros a legalização de terras apropriadas ilegalmente; g) proposta de modificação da lei de licenciamento ambiental, tornando desnecessária a análise prévia dos órgãos ambientais (autolicenciamento); e h) privatização do setor de saneamento, na contramão do atual movimento de grandes cidades mundiais, que estão reestatizando o setor, dentre outras medidas.

Alguns dos impactos dessa política estão estampados nos números, ainda que seus efeitos mais gravosos só se farão sentir pelas gerações futuras. Desde o início, chama a atenção o chamado ciclo vicioso da devastação: são os desmatamentos que abrem caminho para a agricultura de monocultivo e transgênica (soja, algodão, milho, café etc.), para a criação de bois (40% do rebanho bovino brasileiro está na Região Amazônica)[16] e a atividade mineradora, além do garimpo ilegal, prática largamente utilizada sobretudo na Amazônia, durante o governo Bolsonaro, que não escondia suas intenções em relação às áreas de proteção ambiental do país: colocá-las a serviço da atividade econômica a qualquer custo, social e ambiental. Não é coincidência que, desde o início do governo Bolsonaro, a devastação do Cerrado aumentou 17%, sendo que os números de 2021 são os mais altos desde 2015 (7,9%) (PRIZIBISCZKI, 2022). Ressalte-se que entre 2019 e 2022, na era Bolsonaro, a Amazônia Legal perdeu 45,5 mil km² de floresta. O número é quase 60% superior ao balanço dos quatro anos anteriores — entre 2015 e 2018 (GARRIDO, 2022).

Outro elemento sugestivo da responsabilidade do governo federal é revelado pelo Instituto de Pesquisa Ambiental da Amazônia (Ipam), segundo o qual mais da metade (51%) do desmatamento do triênio 2018-2021 ocorreu em terras públicas, principalmente (83%) em áreas de domínio federal[17]. Isso sugere um movimento orquestrado de grilagem de terras públicas, sob as vistas dos governos de plantão, suspeita esta ancorada em estudo desenvolvido por pesquisadores brasileiros, segundo o qual, até 2020, 94% da área

---

16. Também é na região Amazônica que se concentram municípios com os maiores rebanhos do país. O maior rebanho continua em São Félix do Xingu (PA): 2,4 milhões de cabeças e alta de 5,4%, no ano. Com alta de 11,8% em seu rebanho (1,3 milhão de bovinos), Marabá (PA) subiu da quinta para a terceira colocação (Redação Canal Rural, 2021).

17. "Em termos absolutos, Florestas Públicas Não Destinadas foram as mais atingidas: tiveram alta de 85% na área desmatada, passando de 1.743 km² derrubados anualmente para mais de 3.228 km². No último ano (2021), essa categoria de floresta pública concentrou um terço de todo o desmatamento no bioma" (GARRIDO, 2022).

desmatada nos biomas Amazônia e Cerrado pode ser considerada ilegal. Isso corresponde a 18 milhões de hectares, área superior aos territórios somados da Dinamarca, Holanda, Bélgica e Suíça[18].

E a maior parte da ocupação ilegal de terras tem como base a criação de gado, pois os grileiros usam o gado para simular que a terra é produtiva, apesar de carecer de registro. Assim afirma Marcelo Stabile, pesquisador do Ipam, em entrevista ao jornalista Rikardy Tooge, do *G1*, em 25 de outubro de 2020.

> O gado vem andando, para produzir soja, neste caso, não teria infraestrutura para levar maquinário e insumos [...]. Desmatar não é fácil e nem barato. A pecuária acaba sendo a forma menos complicada e de baixo investimento para ocupar uma área para especulação e grilagem. É uma desculpa para o grileiro justificar o uso da terra (e conseguir o título da área). (TOOGE, 2020)

As consequências desse processo são mediata e imediatamente desastrosas: a alteração do regime de chuvas, a perda da biodiversidade, a intensificação do aquecimento global e a ameaça à sobrevivência de povos e comunidades tradicionais, vítimas de contínuos processos de expropriação, seja diretamente de suas terras, seja pela supressão dos meios de reprodução de sua existência, resultante da degradação ambiental.

A ofensiva do capital em sua expansão e busca dos superlucros reverbera no campo político-parlamentar, com um conjunto de iniciativas que visam alterar a legislação em favor do agronegócio, a despeito dos altos custos sociais e ambientais. Estão na agenda do Congresso Nacional diversos projetos que se destacam pela profundidade das mudanças que visam operar e pelas ameaças que

---

18. Estudo desenvolvido por pesquisadores do Instituto Centro de Vida (ICV), Instituto de Manejo e Certificação Florestal e Agrícola (Imaflora) e Universidade Federal de Minas Gerais (UFMG), com apoio do WWF-Brasil (cf. WWF-BRASIL, 2021).

representam aos povos tradicionais, especialmente aos indígenas. A pressão em torno do polêmico "marco temporal", que prevê que só poderão ser consideradas terras indígenas as que já estavam sob posse destes na data da promulgação da Constituição Federal de 1988, mediante comprovação, é expressão disso. O texto ainda possibilita o contato com povos isolados, proíbe a ampliação de terras já demarcadas, além de permitir o garimpo em terras indígenas[19]. O que se pretende, afinal, é o livre desenvolvimento de atividades como a mineração, o turismo, a pecuária, a exploração de recursos hídricos e de hidrocarbonetos. Todas essas atividades poderão ser autorizadas em terras indígenas, conforme evidencia o PL n. 191/2020.

Durante o governo Bolsonaro, mais de 1.500[20] agrotóxicos foram liberados e reclassificados de maneira a apresentá-los como menos tóxicos; produtos altamente nocivos, muitos banidos da União Europeia, receberam uma nova classificação. Aliás, só em 2019, 1.805 marcas (93%) tiveram sua toxicidade reduzida com base na Instrução Normativa n. 58 do Ministério da Agricultura, Pecuária e Abastecimento (MARTINS, 2022, p. 361).

Por fim, é digno de menção o PL n. 2.159/2021, que torna o licenciamento ambiental uma exceção, ao permitir o licenciamento autodeclaratório, dispensando inclusive a verificação do relatório de caracterização do empreendimento. Além disso, aumenta as ameaças às comunidades tradicionais, pois passa a considerar os impactos

---

19. "O Brasil tem, sob análise, 237 pedidos de demarcação de terras indígenas. De acordo com a legislação brasileira, a demarcação estabelece claramente as áreas que pertencem aos povos indígenas, conferindo-lhes segurança jurídica sobre o direito coletivo em relação aos territórios. Muitos pedidos de demarcação estão pendentes há décadas. O projeto de lei afirma expressamente que seus dispositivos se aplicariam a todos os processos de demarcação não concluídos, o que poderia atrasá-los ainda mais ou mesmo impedir totalmente a demarcação" (HUMAN RIGHTS WATCH, 2021).

20. Bolsonaro liberou 1.560 agrotóxicos, sendo 475 em 2019, seguidos de 493, em 2020, 562, em 2021, e 30 nos três primeiros meses de 2022 (cf. AGUIAR, 2022).

apenas para as que estão em áreas homologadas ou tituladas (indígenas ou quilombolas, respectivamente), e, por último, fragiliza a análise dos impactos diretos e indiretos dos empreendimentos sobre as Unidades de Conservação (UC), ao retirar o poder de veto desses órgãos em casos de impactos negativos da atividade.

A proteção dos territórios não é apenas um passo fundamental para defender os direitos de povos e comunidades tradicionais, é também um marco importante para enfrentar o desmatamento, preservar a fauna e a flora, reduzir as emissões de gases poluentes e combater o aquecimento global. Entretanto, o desmonte da política ambiental é a evidência mais cabal da liberalização e potencialização de lógica destrutiva do capital, efetivada com o apoio e o incentivo do Estado. As consequências recaem sobre toda a sociedade, ainda que atinjam mais diretamente alguns segmentos, como os povos tradicionais e os trabalhadores mais pauperizados.

As resistências e as lutas travadas contra a destrutividade ambiental têm nas populações tradicionais e, em especial, nos movimentos indígenas e camponeses fortes protagonistas. São eles que têm denunciado e combatido a destruição cada vez mais acentuada de seus territórios; não é à toa que a perseguição e os assassinatos de suas lideranças foram cada vez mais frequentes durante o governo Bolsonaro[21]. Entidades da sociedade civil, ambientalistas, alguns segmentos das universidades também têm se manifestado, evidenciando a destruição em curso. Embora não tenham conseguido reverter a lógica imposta pelo capital, todos esses sujeitos se mantêm mobilizados em defesa da reforma agrária e, enquanto resistem, vão construindo outras lógicas produtivas capazes de constituir modelos alternativos ao desenvolvimento hegemônico hoje vigente no campo.

---

21. Segundo relatório da Comissão Pastoral da Terra (CPT), nos três primeiros anos da gestão Bolsonaro registraram-se 5.725 conflitos no campo, mais do que em todos os outros governos do período democrático (MENDONÇA, 2022).

A agroecologia é uma proposta concreta e viável que tem surgido como alternativa para a relação entre os seres humanos e a natureza.

A agroecologia tem uma grande diversidade de concepções com perspectivas teóricas e políticas bastante diferenciadas, mas sua potência é exatamente se contrapor à destrutividade ambiental e à intensa exploração da força de trabalho instituída pelo modelo hegemônico de agricultura.

Destacamos aqui, para finalizar, a concepção de agroecologia da Via Campesina, entidade que reúne camponeses de todo o mundo:

> A agroecologia é vital para o avanço da luta dos povos para a construção de uma sociedade onde não haja propriedade privada dos meios de produção e dos bens naturais, sem nenhum tipo de opressão nem de exploração, cujo fim não seja a acumulação. Acreditamos na agroecologia como uma ferramenta na construção de outra maneira de produzir e reproduzir a vida. É parte de um projeto socialista, uma aliança entre os trabalhadores e as organizações populares de campo e da cidade. (VIA CAMPESINA, *apud* GUHUR, 2015, p. 296-297)

Essa concepção, diga-se de passagem, expressa-se no Brasil por meio de movimentos sociais de sólida base social e de ampla penetração cultural e política, como é o caso do Movimento dos Trabalhadores Rurais Sem Terra (MST), o que tem propiciado crescente legitimação social às iniciativas técnicas e político-pedagógicas da agroecologia.

Considerações finais

Dadas a riqueza e a extensão de sua biodiversidade, além dos minerais que possui, o Brasil vem atraindo crescentemente o interesse do grande capital por seus ecossistemas, seja para exploração pura e simples, seja como reserva futura com fins de especulação ou mesmo devido a seu potencial como "capital natural", pelos serviços ecológicos que presta. Nestes termos, a extração desmedida dos bens naturais integra as estratégias de enfrentamento da crise, na medida em que o controle dos recursos ecossistêmicos permite melhores posições na competição intercapitalista, seja para assegurar as condições de produção e de inovação tecnológica, seja simplesmente para especular.

A articulação em torno do golpe de 2016, cuja razão de ser reside na elevação do patamar de exploração da força de trabalho, na intensificação da rapinagem do fundo público, incorpora a quebra dos instrumentos de regulação pública do meio ambiente como parte do acordo, a fim de liberar as potencialidades destrutivas do capital sobre o conjunto dos bens ecossistêmicos, sobre as riquezas minerais do subsolo, pondo-os sob seu domínio em favor da acumulação, em detrimento de camponeses e povos da floresta.

Neste capítulo[22], procuramos evidenciar que a questão ambiental é resultado de um conjunto complexo de mediações estruturalmente vinculadas à sociedade do capital e à sua lógica incessante pelo lucro. Uma das mediações fundamentais para entender a questão ambiental é exatamente a forma como se organiza a produção agropecuária: ao ser hegemonizados pela lógica capitalista, a terra, a água, o trabalho e seus produtos se tornam simples mercadorias. No Brasil, a agricultura capitalista ganha níveis de destrutividade ambiental ainda maiores, pois avança sobre biomas como o Cerrado e a Amazônia, com respaldo governamental. Com o nome fantasia de agronegócio, esta agricultura capitalista, vinculada aos grandes conglomerados

---

22. A escrita deste texto e sua aprovação — como de resto, toda a obra — ocorreram ainda sob os auspícios do governo de Jair Bolsonaro. O momento de sua revisão destinada aos aspectos formais já ocorreu após a vitória de Luiz Inácio Lula da Silva nas eleições presidenciais de 2022, fato que sinalizou para um conjunto de novos desafios, os quais não puderam ser explorados neste trabalho. Fica apenas o registro.

internacionais, tem promovido a pobreza e a destruição em níveis cada vez mais ampliados, ao se apossar das terras e das águas e utilizar grandes quantidades de veneno, maquinário pesado que compacta os solos, sistemas baseados na monocultura, trabalho assalariado precarizado, enfim, um modelo de produção que usa tecnologia de ponta em algumas áreas e que fundamentalmente expressa o que Mészáros (2002) chama de "forças destrutivas do capital".

Neste sentido, o governo Bolsonaro operou um salto regressivo de larga envergadura. Por um lado, esvazia a gestão ambiental pública e sua capacidade reguladora e estruturadora (ainda que restrita), a fim de conceder amplas liberdades ao capital e, por outro, assegura a impunidade aos criminosos, o que intensifica a violência contra os povos tradicionais. A propagação rotineira do racismo impulsionou um "novo" e mais intenso ciclo de expropriações de camponeses, indígenas, quilombolas, dentre outros, marcados pelos seguidos assassinatos, atentados e toda sorte de violência física e ideológica, numa tentativa de deslegitimar suas lutas.

As lutas e as resistências instituídas por um conjunto de entidades, universidades, movimentos sociais camponeses e indígenas têm sido cotidianas e, ainda que não estejam sendo capazes de reverter o curso de destruição promovida pelo capital com o apoio dos governos — em especial do governo Bolsonaro —, vão colocando entraves, denunciando e mobilizando diversos segmentos sociais para fazer frente aos retrocessos.

Outro aspecto importante daqueles que se organizam e contestam o atual modelo de produção agrícola hegemonizado pelo agronegócio são as alternativas construídas em torno de outros modelos de desenvolvimento agrário voltados para a sustentabilidade ambiental e social, como é o caso da agroecologia. Embora comporte um amplo leque de sujeitos e concepções, a proposta agroecológica vai construindo os conhecimentos técnicos, políticos e ambientais para outra relação com o ambiente, em que o trabalho e a natureza componham harmoniosamente a construção da vida, agora pensada de forma sustentável. O debate da reforma agrária é crucial nesta construção, pois como afirma a Via Campesina, trata-se de uma proposta que caminha para além da sociabilidade do capital.

Referências

AGUIAR, Plínio. Brasil tem quase 5 mil agrotóxicos liberados. *R7*, Brasília, 18 abr. 2022. Disponível em: https://noticias.r7.com/brasilia/brasil-tem-quase-5-mil-agrotoxicos-liberados-29062022. Acesso em: 27 dez. 2023.

ALVARENGA, Darlan. Taxa de desemprego do Brasil deve ficar entre as maiores do mundo em 2022; veja *ranking*. *G1*, 28 abr. 2022. Disponível em: https://g1.globo.com/economia/noticia/2022/04/28/taxa-de-desemprego-do-brasil-deve-ficar-entre-as-maiores-do-mundo-em-2022-veja-ranking.ghtml. Acesso em: 27 dez. 2023.

ALVES, Giovanni. O golpe de 2016 no contexto da crise do capitalismo neoliberal. *Blog da Boitempo*, 8 jun. 2016. Disponível em: https://blogdaboitempo.com.br/2016/06/08/o-golpe-de-2016-no-contexto-da-crise-do-capitalismo-neoliberal/. Acesso em: 27 dez. 2016.

ANTUNES, Ricardo. Introdução. *In*: MÉSZÁROS, István. *Para além do capital*: rumo a uma teoria da transição. Tradução: Paulo Cezar Castanheira e Sérgio Lessa. São Paulo: Boitempo, 2002.

BRUCKMANN, Mónica. *Recursos naturales y la geopolítica de la integración sudamericana*. Quito: Editorial Iaen, 2012.

CHESNAIS, François (org.). *A finança mundializada*: raízes sociais e políticas, configuração, consequências. São Paulo: Boitempo, 2005.

CHESNAIS, François; SERFATI, Claude. "Ecologia" e condições físicas da reprodução social: alguns fios condutores marxistas. *Revista Crítica Marxista*, São Paulo, n. 16, p. 39-75, 2003.

COLETIVO CEM FLORES. *A pandemia, a recessão, as medidas burguesas e a reação dos trabalhadores no mundo e no Brasil*. 20 mar. 2020. Disponível em: https://cemflores.org/2020/03/20/a-pandemia-a-recessao-as-medidas-burguesas-e-a-reacao-dos-trabalhadores-no-mundo-e-no-brasil/. Acesso em: 27 dez. 2023.

FERNANDES, Daniella. Presença militar dos EUA cresce na América do Sul. *Opera Mundi*, 12 ago. 2009. Disponível em: https://operamundi.uol.com.br/politica-e-economia/961/presenca-militar-dos-eua-cresce-na-america-do-sul. Acesso em: 27 dez. 2023.

FERNANDES, Florestan. *O PT em movimento*: contribuição ao I Congresso do Partido dos Trabalhadores. São Paulo: Cortez; Autores Associados, 1991. (Coleção Polêmicas do Nosso Tempo, v. 43).

FOLADORI, Guillermo. O metabolismo com a natureza. Tradução: Marise Manoel. *Revista Crítica Marxista*, São Paulo, Boitempo, v. 1, n. 12, p. 105-117, 2001.

FOLADORI, Guillermo. Contenidos metodológicos de la educación ambiental. *Tópicos en Educación Ambiental*, v. 4, n. 11, p. 33-48, 2002.

FONTES, Virgínia Maria Gomes de Mattos. *O Brasil e o capital imperialismo*: teoria e história. Rio de Janeiro: Editora UFRJ, 2010.

FOSTER, John Bellamy. *A ecologia de Marx*: materialismo e natureza. Rio de Janeiro: Civilização Brasileira, 2005.

GARRIDO, Bibiana. Desmatamento na Amazônia cresceu 56,6% sob governo Bolsonaro. *Ipam Amazônia*, 2 fev. 2022. Disponível em: https://ipam.org.br/desmatamento-na-amazonia-cresceu-566-sob-governo-bolsonaro/. Acesso em: 27 dez. 2023.

GUHUR, Dominique. Questão ambiental e agroecologia: notas para uma abordagem materialista dialética. *In*: NOVAES, Henrique; MAZIN, Ângelo Diogo; SANTOS, Laís (org.). *Questão agrária, cooperação e agroecologia*. São Paulo: Outras Expressões, 2015.

HARVEY, David. *O enigma do capital*: e as crises do capitalismo. Tradução: João Alexandre Peschanski. São Paulo: Boitempo, 2011.

HUMAN RIGHTS WATCH. *Brasil*: rejeite projeto de lei do "marco temporal" para terras indígenas. 24 ago. 2021. Disponível em: https://www.hrw.org/pt/news/2021/08/24/379748. Acesso em: 27 dez. 2023.

LÖWY, Michael. A emergência política é a questão política central. Entrevista a Patrícia Fachin. *IHU On-Line*, 21 ago. 2019. Disponível em: https://www.ihu.unisinos.br/categorias/159-entrevistas/591845-a-crise-climatica-e-a-questao-politica-central-da-nossa-epoca-entrevista-especial-com-michael-loewy. Acesso em: 27 dez. 2023.

LUZ, Israel. Um olhar histórico sobre as pandemias. *Revista Contra-Corrente*, edição especial *Pandemia do coronavírus: uma catástrofe anunciada*, Ilaese, abr. 2020.

LYRA, Rubens Pinto. O protofascismo brasileiro. *Carta Maior — O Portal da Esquerda*, 31 mar. 2020. Disponível em: https://www.cartamaior.com.br/?/Editoria/Antifascismo/O-protofascismo-brasileiro/47/47000 Acesso em: 28 dez. 2020.

MANDEL, Ernest. *O capitalismo tardio*. Tradução: Carlos Eduardo Silveira Matos; Regis de Castro Andrade; Dinah de Abreu Azevedo. São Paulo: Abril Cultural, 1978.

MARTINS, Adalberto Floriano Greco. *A questão agrária no Brasil*: da colônia ao governo Bolsonaro. São Paulo: Expressão Popular, 2022.

MENDONÇA, Jeniffer. Conflitos no campo explodiram durante o governo Bolsonaro, aponta CPT. *Ponte*, 18 abr. 2022. Disponível em: https://ponte.org/conflitos-no-campo-explodiram-durante-o-governo-bolsonaro-aponta-cpt/. Acesso em: 27 dez. 2023.

MÉSZÁROS, István. *Para além do capital*: rumo a uma teoria da transição. Tradução: Paulo Cezar Castanheira; Sérgio Lessa. São Paulo: Boitempo, 2002.

MOTA, Ana Elizabete. *Cultura da crise e seguridade social*: um estudo sobre as tendências da previdência e da assistência social brasileira nos anos 80 e 90. São Paulo: Cortez, 1995.

NETTO, José Paulo. *Introdução ao estudo do método de Marx*. São Paulo: Expressão Popular, 2011.

NETTO, José Paulo; BRAZ, Marcelo. *Economia política*: uma introdução crítica. São Paulo: Cortez, 2006.

OLIVEIRA, Luã Kramer de; BESERRA, Lucimara; PIGNATI, Wanderlei Antonio. Processo de poluição química rural e exposição impositiva por agrotóxicos. In: PIGNATI, Wanderlei Antonio et al. (org.). *Desastres sócio-sanitário-ambientais do agronegócio e resistências agroecológicas no Brasil*. São Paulo: Outras Expressões, 2021.

ORGANIZAÇÃO INTERNACIONAL DO TRABALHO (OIT). *Covid-19 and the world of work*: impact and policy responses. 18 mar. 2020. Disponível em: https://www.ilo.org/wcmsp5/groups/public/---dgreports/---dcomm/documents/briefingnote/wcms_738753.pdf. Acesso em: 27 dez. 2023.

ORGANIZAÇÃO INTERNACIONAL DO TRABALHO (OIT). *Panorama Laboral 2021*. América Latina y el Caribe, 1º fev. 2022. Disponível em: https://www.ilo.org/americas/publicaciones/WCMS_836196/lang--es/index.htm. Acesso em: 12 abr. 2024.

PIGNATI, Wanderlei Antonio et al. (org.). *Desastres sócio-sanitário-ambientais do agronegócio e resistências agroecológicas no Brasil*. São Paulo: Outras Expressões, 2021.

PRIZIBISCZKI, Cristiane. Governo esconde aumento de 8% na destruição do Cerrado. *O Eco*, 4 jan. 2022. Disponível em: https://oeco.org.br/noticias/governo-esconde-aumento-de-8-na-destruicao-do-cerrado/. Acesso em: 28 dez. 2023.

SAMPAIO JR., Plínio de Arruda. Metástase da crise e aprofundamento da reversão neocolonial. *Crítica e Sociedade*: Revista de Cultura Política, v. 1, n. 3, Edição Especial, Dossiê: A crise atual do capitalismo, dez. 2011.

SHIVA, Vandana. Um vírus, a humanidade e a terra. *EcoDebate*: plataforma de informação, artigos e notícias sobre temas socioambientais. Disponível em: www.https://www.ecodebate.com.br/2020/04/16. Acesso em: 27 dez. 2023.

SILVA, Orlando Monteiro da. As *commodities* e a crise financeira. *Espaço do Produtor*, Viçosa, p. 1-4, 11 jul. 2008.

SILVA, Rebeca Gomes de Oliveira; SILVA, Maria das Graças e. O papel do Estado nas expropriações: os impactos do Complexo de Suape (PE). *Argumentum*, Vitória, v. 11, n. 2, p. 122-137, maio/ago. 2019. Disponível em http://periodicos.ufes.br/argumentum/article/view/24087/18505. Acesso em: 27 dez. 2023.

THOMAZ JÚNIOR, Antonio. Degradação sistêmica do trabalho no agro-hidronegócio. *Mercator*, Fortaleza, v. 16, p. 1-20, 2017. Disponível em: http://www.mercator.ufc.br/mercator/article/view/2082. Acesso em: 27 dez. 2023.

TOOGE, Rikardy. Por que tem tanto gado na Amazônia. *G1*, 25 out. 2020. Disponível em: https://g1.globo.com/economia/agronegocios/noticia/2020/10/25/por-que-tem-tanto-gado-na-amazonia.ghtml. Acesso em: 27 dez. 2023.

WWF-BRASIL. *Estudo aponta ilegalidade em 94% do desmatamento na Amazônia e Matopiba*. 18 maio 2021. Disponível em: https://www.wwf.org.br/?78570/Estudo-inedito-aponta-falta-de-transparencia-e-ilegalidade-em-94-do-desmatamento%20-%20na-Amazonia-e-matopiba#:~:text=Mas%2C%20apesar%20dessa%20diferen%C3%A7a%20entre,%20portanto%20%2C%20podem%20ser%20considerados%20ilegais. Acesso em: 27 dez. 2023.

3
Capitalismo e ofensiva ultraliberal contra trabalhadores rurais e povos tradicionais:
desafios às lutas sociais

Maria das Graças Osório P. Lustosa
Jacqueline Botelho

Introdução

O presente capítulo foi redigido no contexto de aprofundamento da crise capitalista, iniciada em 2008, cujo cenário é de inconsequente devastação ambiental e explosão da fome no Brasil. A destruição da Floresta Amazônica pela ação do agronegócio é criminosa e consentida pelo Estado, que paralisa a reforma agrária, incentiva o mercado de terras, criminaliza as comunidades camponesas e protege o setor ruralista, que, para além de representar uma das maiores e mais influentes bancadas no Congresso Nacional, tem posto em andamento verdadeiros massacres no campo brasileiro, com a perseguição aos camponeses que lutam pelo acesso à terra e a ação de grupos armados. Através do fundo público, o Estado toma como prioridade garantir os mecanismos de valorização de capitais, com políticas de suporte ao agronegócio no campo e de parcerias com o setor privado, acompanhadas do abandono das políticas sociais.

No início do século XXI, registraram-se no Brasil aumentos expressivos das desigualdades sociais, com abrangência e dimensões diferenciadas, resguardadas as particularidades e diversidades territoriais, regionais, sociopolíticas e culturais. O cenário internacional aponta para mudanças importantes na geopolítica mundial, trazendo novos arranjos para as economias dos países periféricos, que dependem significativamente da exportação de *commodities*[1].

No setor fundiário brasileiro, a corrida pela extração de ganhos e lucros tem a terra como *uma fonte "imperiosa"*, na ótica rentista, um *"ativo financeiro"*[2] ao mercado de terras. Para Chesnais, a desregulamentação do sistema financeiro, de um regime de finanças administradas para um regime de finanças de mercado (cf. CHESNAIS, 1998, p. 14), torna-se o "núcleo duro" e instigante das disputas pelo domínio de terras públicas destinadas à extração de matérias-primas, à produção de mercadorias e serviços, ante as práticas violentas na busca de lucros rentistas (cf. CUENCA, 2020), com efeitos danosos

---

1. Fatores recentes, como a guerra entre a Ucrânia e a Rússia, têm contribuído para a elevação de preços, afetando o valor geral dos combustíveis, com consequente aumento do custo de vida para a população, bem como aumento no preço de itens básicos de consumo que contêm derivados de *commodities* (alimentos agrícolas, roupas etc.). O etanol acompanha a alta dos preços do petróleo, resultando em aumentos expressivos em seu preço (produção de valor reduzido ante a estratégia de aumento da produção da cana-de açúcar e evidente superexploração da força de trabalho).

2. De acordo com Bruna Bicalho (2022), a financeirização da terra é a base na dinâmica de especulação de negócios financeiros, em que o avanço não apenas das riquezas naturais presume o controle e o domínio tecnológico e científico de fontes disponíveis de países dependentes e periféricos, como o Brasil.

nas várias dimensões da vida social, como: nas formas e tipos de trabalho, de produção, nas fontes de extração de riquezas renováveis e mercadorias, nas formas de consumo e de serviços etc. No âmbito da tradição marxista, especialmente no Serviço Social, esses processos não se explicam em sua forma aparente e naturalizada da realidade econômico-financeira, sociopolítica e cultural das relações sociais capitalistas que não esclarecem as razões e a gênese dos antagonismos das relações de produção e de propriedade, parâmetros indispensáveis para a apreensão crítica dos agravos às desigualdades sociais, de renda e de classes na sociedade. As contradições e conflitos implícitos nessas relações dissimulam disparidades, como a pobreza, o desemprego e a fome[3]. Vale lembrar que, na ótica capitalista dominante, a superação desses impactos engendra as funções das políticas sociais assistencialistas. Entretanto, estas se revelam insuficientes no combate às contradições e à ofensiva do sistema. Conforme Lustosa,

> [...] a redução das desigualdades sociais no Brasil, através das políticas alternativas, tende a confundir os fins de "transferência de renda" com "distribuição de renda", instrumentos burocráticos do Estado à intermediação dos antagonismos das relações capitalistas. No entanto, esses meios não se explicam reduzidos em si, mas exercem enorme influência às desigualdades de classes conforme o sistema tributário brasileiro. (LUSTOSA, 2012, p. 255-257)

Na pandemia da covid-19, o aumento expressivo da taxa de pobreza no Brasil e as assimetrias de rendimentos entre as classes ricas e os trabalhadores pobres somam-se à perda progressiva de direitos sociais por parte dos trabalhadores, com degradação de serviços públicos essenciais no campo da saúde, saneamento básico, educação, moradia. Conforme o Relatório da Organização das Nações Unidas (ONU) de 2021, na América Latina e no Caribe, 86

---

3. Como afirma Mello, em 2020 havia no mundo entre 720 e 811 milhões de pessoas passando fome, além de 928 milhões sofrendo insegurança alimentar (MELLO; NAKATANI, 2021, p. 150).

milhões de pessoas vivem na extrema pobreza. No Brasil, o número de pessoas sobrevivendo com R$ 145,00 mensais vem crescendo desde 2015. Para o IBGE, o número de miseráveis chega a ser maior que a população da Bolívia. De acordo com a Comissão Econômica para a América Latina e o Caribe (Cepal), também houve aumento expressivo das desigualdades de renda: os 10% mais ricos concentram 57% da renda nacional[4]. No Brasil, dados da Pesquisa Nacional por Amostra de Domicílios (PNAD) mostram que "em 2019 o índice de Gini do rendimento domiciliar *per capita* foi de 0,543, com a Região Sul indicando menor desigualdade de rendimentos (0,467 em 2019), em contraste com a Região Nordeste, cujo índice de Gini foi de 0,559 em 2019" (IBGE, 2020).

Portanto, a histórica concentração da terra no Brasil, as formas e condições desiguais na distribuição de renda e de terras, além de fenômenos como invasões de territórios camponeses, exigem que as Ciências Sociais Aplicadas e do Serviço Social, em especial, percebam e aprofundem, nos marcos da questão agrária, as novas nuances da questão social brasileira (cf. SANT'ANA, 2012, p. 148-153) e seus agravos, contribuindo também para a crítica da sociabilidade burguesa, parâmetros essenciais ao trabalho do assistente social. Tais bases requerem o confronto dos fatores que instigam as disputas fundiárias, diante da privatização/financeirização de terras e acessórios, objetos da extração de lucros e especulação monetária. Assim, torna-se urgente apreender que não basta entender a realidade do Brasil sem ligá-la com a questão agrária, discussão pouco revisitada na contemporaneidade[5]. Sem essa interconexão, perdemos de vista a análise da totalidade histórica, tendo em conta a dinâmica da luta

---

4. Em relação à "América Latina, esta vem sendo identificada como uma das regiões e lugares mais desiguais quanto à distribuição de renda e de acesso à terra" (KATO; LEITE, 2020, p. 458-489).

5. Este capítulo resulta de atividades de ensino, pesquisa, extensão e práticas profissionais, e está organizado em sessões voltadas ao exame da lógica do capitalismo entendida como "relação social", em seus antagonismos e contradições.

de classes, as origens agrárias do Estado brasileiro, a formação das classes urbanas, o surgimento das cidades, os processos de lutas e resistências camponesas, evidenciados na relação que trabalhadores e trabalhadoras do campo estabelecem com a terra, subordinados à dominação do agronegócio[6].

Este trabalho propõe-se os seguintes objetivos: a) elucidar os fatores que contribuem para a corrida de capitalistas, nacionais e internacionais, para a ocupação de terras no Brasil atual, considerando os severos impactos na vida e na sobrevivência de trabalhadores e povos tradicionais; b) identificar as tendências de financeirização do mercado de terras no Brasil, no qual as desigualdades sociais, de renda e acesso à terra acentuam os níveis de pobreza, sinalizando novas nuances na apreensão da questão social; c) aprofundar a concepção sócio-histórica da sociedade brasileira, com ênfase em aspectos da história colonial e capitalista na ocupação das terras, nas lutas e formas de resistência dos trabalhadores rurais e povos nativos contra a negação de direitos a terra, com foco nos históricos descasos do Estado para a efetividade da reforma agrária no país; d) identificar o papel do Estado e outorgas, na atual contrarreforma agrária, cujos retrocessos têm na expansão da função social da terra um *"ativo financeiro"*, o que impõe elucidar as novas expressões da questão social brasileira. Tais retrocessos da reforma agrária, as lutas e resistências sociais dos trabalhadores, ante a atual devastação e desproteção da vida no Brasil, impõem aprofundar a crítica ao capitalismo ultraliberal, cujas interconexões urbano-rural e socioambiental tornam-se essenciais para a apreensão da realidade como totalidade histórica.

---

6. Tais fatos englobam a modernização e dominação em marcha desde os anos 1970, mas com maior força nos anos 1990, marcados pela generalização da lógica do agronegócio, cuja concepção teórico-prática (utilizada tanto na linguagem acadêmica quanto na jornalística) vem representando para os trabalhadores a reprodução de formas degradantes de trabalho, com forte apelo à disponibilidade de terras para o crescimento do setor, influenciado pelo surgimento da Associação Brasileira do Agronegócio (Abag) e por outras fontes de controle de produção, novas técnicas e tecnologias.

Mercado de terras no Brasil e os retrocessos à reforma agrária

Considerando os retrocessos à reforma agrária no tempo presente, Alentejano destaca que atualmente vivenciamos uma contrarreforma agrária, que se manifesta com as seguintes dimensões: "(1) paralisação total das desapropriações; (2) relutância em criar assentamentos; (3) titulação privada das terras dos assentamentos; (4) avanço da grilagem de terras" (ALENTEJANO, 2022, p. 3). Esse foi o cenário tenebroso do governo Bolsonaro, com desprestígio aberto das pautas dos camponeses, lutadores da reforma agrária.

> Segundo dados oficiais do Incra (2021) foram apenas 11 assentamentos criados em mais de 2 anos e meio de governo, o que dá a ridícula média de um assentamento a cada 3 meses e menos de 4 assentamentos por ano, distribuídos por seis (6) unidades da federação: Bahia, Distrito Federal, Mato Grosso do Sul, Paraná, Rio Grande do Norte e Sergipe. (ALENTEJANO, 2022, p. 3)

Marca essa contrarreforma o claro aniquilamento de órgãos públicos, pilares históricos de sustentação da reforma agrária como pauta dos movimentos sociais. Há em andamento uma potencialização da política de privatização da terra, dos ataques estatais ao meio ambiente, das obstruções e vedação de leis da Constituição Federal, via Medidas Provisórias, que acenam para mudanças na regulação institucional, exigindo atenção para os efeitos práticos, econômicos e políticos, como os desmontes de políticas públicas que incitam a contrarreforma agrária. Os retrocessos da democracia e da justiça social, especialmente das relações do Estado com os trabalhadores e com os movimentos sociais rurais, exigem atenção, ou melhor, impõem um avanço no debate crítico contra as relações de domínio e violência, ofensivas do capitalismo ultraliberal em contraposição às lutas sociais na sociedade. O escancarado descompromisso com a realidade dos segmentos citados, a premência dos interesses multinacionalizados e a privatização de terras e territórios no Brasil resultam dos graves antagonismos desse sistema. Os avanços e imposições do modo de produção capitalista, especialmente no contexto de suas crises desde os anos 1970, com o domínio imperialista do capital financeiro[7] no Brasil, sobretudo nos anos 1990, têm na política de reforma agrária um dos pontos de ataque, cujos retrocessos não ocorrem por acaso. A desativação das bases estruturais institucionais, jurídicas e formais ou burocráticas, reguladas ao longo da história pelo Estado[8] em programas de desenvolvimento voltados para os pequenos agricultores, é um exemplo claro dessa demolição institucional. Programas, como o Programa Nacional de Educação na Reforma Agrária (Pronera) e o Programa de Fomento à Agroindustrialização, à Comercialização e Atividades Pluriativas Solidárias (Programa Terra Sol)[9], além da recente desestruturação do Instituto Nacional de Colonização e Reforma Agrária (Incra)[10], do Instituto Chico Mendes de Conservação da Biodiversidade (ICMBio)[11] e do Instituto Chico Mendes nos levam à seguinte questão:

---

7. De acordo com Lênin (1987, p. 58), "o imperialismo, ou o domínio do capital financeiro, é aquela fase superior do capitalismo na qual [...] a supremacia do capital financeiro sobre todas as outras formas do capital significa a hegemonia dos que vivem de rendimentos [...]; significa uma situação privilegiada de um pequeno número de Estados financeiramente 'poderosos' em relação a todos os outros".

8. São exemplos os retrocessos do papel do Estado na regulação de políticas públicas, agrárias, agrícolas e ambientais no Brasil, antes administradas pelo Instituto Nacional de Colonização e Reforma Agrária (Incra), cujas funções foram transferidas para o Ministério da Agricultura, Pecuária e Abastecimento (Mapa). Tais reformas e desmontes são formalizados pela estrutura burocrática do Estado, via decretos, medidas provisórias e projetos de leis.

9. Políticas públicas dedicadas ao avanço da produção, à educação e à capacitação dos trabalhadores do campo, consultorias, programas de capacitação, gestão e ampliação de agroindústrias, tendo como centro o protagonismo dos sujeitos coletivos, a educação pública, a gestão democrática com a participação conjunta de Estado, universidades, movimentos sociais e sindicais populares do campo.

10. Tal desmonte ocorreu via Decreto n. 10.252/2020 e modificação da estrutura do referido órgão, além da transferência das políticas públicas agrárias para o Mapa.

11. Autarquia criada em agosto de 2007 pela Lei n. 11.516 e vinculada ao Ministério do Meio Ambiente e ao Sistema Nacional do Meio Ambiente.

a quem interessa a ampliação da privatização de terras públicas no Brasil, como uma via proeminente de intervenção do Estado e seus aparatos formais?

Ao que tudo indica, essas práticas e violências nas disputas pela terra reiteram a "histórica" opção do capitalismo no Brasil pela *não democratização do acesso a terra*. Não menos importante é a relação atual entre as disputas da terra como *reserva de valor e potencial financeiro* e a demolição de instituições públicas de proteção e conservação socioambiental. Silva (2010, p. 25), em seu livro sobre a questão ambiental, avança na crítica aos antagonismos e conflitos que medeiam essas relações, além de alertar para as contradições, as metamorfoses e degradações forjadas nas relações entre o capitalismo e o Estado. Enfatiza que, sob disfarces o Estado atua como mediador dos antagonismos, ante as contradições que permeiam essas relações. Em síntese, reforçam substancialmente o domínio da terra pelo capitalismo financeiro (SILVA, 2010, p. 25-30).

Essas novas determinações agrárias e novos contornos indicam particularidades da questão social no Brasil, fruto das ofensivas do atual ciclo de capitalismo financeirizado, em que a má e a desigual distribuição de terras têm efeitos graves na realidade de trabalhadores da terra e comunidades tradicionais. O aumento exponencial de desigualdades sociais e a perda de renda e de condições dignas de vida, trabalho, saúde e sobrevivência denunciam a gravidade dos conflitos de classes nas relações capitalistas na agricultura e acenam para as "[...] particularidades da questão social brasileira, aqui entendida nos termos definidos por Sant'Ana, parâmetros teóricos e científicos *par excellence* às ações profissionais do Serviço Social, campos imanentes às análises sobre o trabalho" (SANT'ANA, 2012, p. 151-152; grifos nossos). Destarte, os desmontes institucionais e a política de reforma agrária no Brasil sinalizam avanços das relações de dominação burguesa, frutos das contradições nas relações sociais e de propriedade. A consideração do aumento de grilagens de terras, das invasões e de privatizações de terras públicas etc. é crucial para "[...] uma concepção dialética da totalidade", o que impõe "ir à raiz das coisas", descobrir a essência da realidade concreta, examinar os novos rumos dessa contrarreforma agrária, cujos impactos acirram as lutas e a resistência dos trabalhadores e dos movimentos sociais que se contrapõem à dominação burguesa. Tais fatos exigem a crítica radical às ofensivas atuais da "[...] sociedade capitalista com seus imanentes antagonismos entre as forças produtivas e as relações de produção" (LUKÁCS, 1981, p. 70) e, mais do que isso, obrigam a ir além dessas nuances, em busca da totalidade histórica.

Para tanto, devem-se confrontar as ambiguidades dissimuladas nessas relações e negócios do mercado de terras, em que a privatização de terras públicas e de seus acessórios vem ocorrendo mediante práticas destrutivas, como o extrativismo exorbitante de matérias-primas em busca de novos produtos, mercadorias, tecnologias, lucros etc.

Isso impõe apreender que a dimensão global dos negócios no capitalismo ultraliberal globalizado no século XXI inclui outros incrementos, objetos de interesse do mercado, inerentes a: "formas de direitos jurídicos", "governança global", segurança alimentar, exploração de biocombustíveis, energias, construção de infraestruturas, garantias de trabalho etc. (KATO; LEITE, 2020, p. 478-480). O Brasil é "o quinto maior país do mundo", detentor "[...] da maior biodiversidade e da maior floresta tropical do mundo", além de possuidor de "[...] 12% dos recursos de água doce do mundo, cerca de 70% dos quais localizados na Bacia Amazônica" (OCDE, 2016, p. 25-26), dentre outras fontes de riquezas minerais e vegetais, e tem a terra e acessórios como fontes da produção de mercadorias, da exploração de riquezas, além da força de trabalho.

Ao que tudo indica, o controle do mercado de terras, com seus artifícios, dissimula o "núcleo duro" de consolidação desses interesses comerciais, com a anuência do Estado. Essas mudanças[12] postulam igualmente novas formas de regulação e controle de distribuição da terra, redimensionando o papel do Estado na regulação de políticas públicas e na gestão das desigualdades sociais e de classes. Estudos afirmam que 55,3% das terras privadas no Brasil são ocupadas por grandes propriedades rurais, como demonstra o percentual de distribuição dessas terras nos seguintes estados: Mato Grosso (83%), Goiás (68,7%), Espírito Santo (56,4%), Bahia (55%), Rio Grande do Sul (44,3%) e Minas Gerais (35,7%) (cf. GUERRA, 2018). Constata-se também que "[...] os 25% de toda a terra agrícola do Brasil é ocupada pelos 15.686 maiores imóveis do país (0,3% do total de imóveis). Para alcançar os outros 25% da área total, é necessário somar as áreas dos 3.847.937 menores (77% do total de imóveis)" (GUERRA, 2020). Os 10% maiores imóveis ocupam 73% da área agrícola, enquanto os restantes 90% menores imóveis ocupam somente 27% da área. Em todos os estados brasileiros, os 10% maiores imóveis detêm mais de 50% da área. Em seis estados e no Matopiba[13], os 10% maiores imóveis detêm mais de 70% da área. O Brasil é um dos países mais desiguais do mundo na distribuição da propriedade fundiária. Ainda de acordo com esse estudo, "[...] um quarto (25%) de toda a terra agrícola do Brasil é ocupada pelos 15.686 maiores imóveis [...] (0,3% do total de imóveis) [que] se concentram principalmente no Mato Grosso, Mato Grosso do Sul e no Matopiba" (GUERRA, 2020).

---

12. Os limites deste trabalho não permitem aprofundamentos, mas cabe mencionar as reformas nos instrumentos de regulação da propriedade da terra, com foco no final do século XX e início do século XXI, no padrão capitalista neoliberal. Entre os principais fatos que consubstanciam essas reflexões, temos: a potencialização da política de privatização de terras públicas no Brasil, os desmontes da estrutura institucional e da reforma agrária, aliados aos retrocessos na concessão de direitos legais à propriedade da terra aos trabalhadores rurais, povos e comunidades tradicionais.

13. Sigla formada pelos estados do Maranhão, Tocantins, Piauí e Bahia, com vastas áreas de terras públicas disponíveis, vegetação e minérios, além de predominância na produção do agronegócio (cf. GUERRA, 2020).

Como dissemos, com as crises a partir de 2008, a busca por terras cresceu de forma abrangente na América Latina e especialmente no Brasil. A expansão da crise estrutural do capital e os graves antagonismos e relações de dominação burguesa têm exigido maior controle e ação política do Estado. Como mostra Dulci, "[...] dados do Banco Mundial antes de 2008 demonstram que a comercialização global de terras crescia numa média de 4 milhões de hectares por ano" (DULCI, 2017a). Entre 2008 e 2009, foram mais de 56 milhões de hectares agrícolas comercializados, sendo cerca de 70% concentrados na África. Na América Latina, o Brasil aponta na mesma direção. Mas cabe destacar que, segundo o Incra[14], antes de 2008 "[...] estrangeiros já ocupavam cerca de 34 mil estabelecimentos no país, e somavam à época 4.037.667 hectares de terras. Mais de 83% eram de grandes propriedades" (DULCI, 2017b). Ainda de acordo com o Incra, 3,98 milhões de hectares de terras agrícolas pertencem a pessoas de outras nacionalidades, empresas estrangeiras ou brasileiras, constituídas/controladas por estrangeiros. Os estrangeiros detentores de maior quantidade de terras brasileiras são: portugueses (643,8 mil hectares), japoneses (358 mil hectares), libaneses (259,3 mil hectares) e italianos (136,6 mil hectares) (cf. CUENCA, 2020). Contudo, cabe destacar que esses processos não se reduzem à aquisição da terra e de minérios etc., mas abrangem novos fatores. Daí a questão: Por que a terra no capitalismo ultraliberal amplia seu lugar como uma "base central" no campo dos negócios financeiros? Se isso se confirma, é imprescindível considerar: até que ponto essas mudanças no âmbito da questão agrária evidenciam novas expressões da questão social? Quais os impactos na realidade de

---

14. O Incra foi uma das instituições submetidas a mudanças significativas em sua estrutura no governo Bolsonaro, de acordo com o *Diário Oficial da União* (*DOU*) e o Decreto n. 20.252/2020 (cf. PAZ, 2020).

trabalhadores e povos tradicionais no Brasil? Os avanços técnicos, científicos, das telecomunicações, bem como as novas tecnologias informacionais e digitais, os sistemas de internet, o surgimento de novas fontes de energia e a expansão da mineração etc. têm levado a novas formas de trabalho. Essas mudanças apontam para complexidades na realidade dos trabalhadores do campo, o que supõe novas determinações da questão social e do Serviço Social. O chamado "novo desenvolvimento", no que diz respeito à extração de renda e lucros, acirra o domínio dos ecossistemas, a exploração de recursos naturais e territoriais, criando novas estruturas e alicerces na produção de mercadorias e na reprodução do valor, de riquezas, de serviços e novos conhecimentos às ciências. Pesquisas do MapBiomas mostram exemplos dessa prática, como o trabalho na "mineração no Brasil que cresceu mais de 6 vezes entre 1985 e 2020" (MAPBIOMAS, 2021). Nos anos de "2010 a 2020, a área ocupada por garimpo dentro de terras indígenas no Brasil cresceu 495%, cabendo destacar o crescimento de áreas de conservação, um total de 301% (MAPBIOMAS, 2021).

Por sua vez, torna-se evidente o abrupto aumento das agressões ambientais, dos desmatamentos e das "queimadas recordes" em nosso país. Paradoxalmente, o enfraquecimento de ações de fiscalização de órgãos públicos brasileiros, como o Ibama e a Fundação Nacional dos Povos Indígenas (Funai), pode favorecer ações de grilagem de terras, exploração criminosa de madeira, expansão de novos garimpos ilegais e das áreas para produção agropecuária. Tudo isso ocorreu com o aval e o incentivo do governo Bolsonaro, cujo ministro do Meio Ambiente, o administrador de empresas Joaquim Álvaro Pereira Leite, definiu a continuidade de políticas liberais como proposta de ação na área[15].

---

15. Por 23 anos, Pereira Leite foi conselheiro da Sociedade Rural Brasileira (SRB), entidade que defende interesses de empresas do agronegócio brasileiro.

Um estudo do Instituto de Pesquisa da Amazônia (Ipam) mostra que, entre agosto de 2018 e julho de 2021, o "desmatamento no bioma foi 56,6% maior [...] do que no mesmo período de 2015 a 2018" (GARRIDO, 2022). Em março de 2018, "a Amazônia perdeu 287 quilômetros quadrados, principalmente no estado do Mato Grosso, onde ocorreram 40% da perda florestal" (GARRIDO, 2022). Esse estudo ainda observa que,

> [...] mais da metade (51%) do desmatamento do último triênio ocorreu em terras públicas, principalmente (83%) em áreas de domínio federal. Em termos absolutos, Florestas Públicas Não Destinadas foram as mais atingidas: tiveram alta de 85% na área desmatada, passando de 1.743 km² derrubados anualmente para mais de 3.228 km². (GARRIDO, 2022)

Esses fatos confirmam que a capacidade destrutiva do capital afeta bruscamente os povos originários. Dados dessa mesma pesquisa afirmam que:

> A área dos territórios, terras indígenas (Tis) tiveram alta de 153% em média no desmatamento comparado do último triênio (1.255 km²) para o anterior (496 km²). Já o desmatamento em unidades de conservação (UCs) teve aumento proporcional de 63,7%, com 3.595 km² derrubados no último triênio contra 2.195 km² nos três anos anteriores. (GARRIDO, 2022)

As intensas polarizações do debate sobre a dinâmica e as engrenagens de mercantilização e "financeirização da terra" indicam novas particularidades da questão social no Brasil, curiosamente temas ainda com pouca expressão analítica no Serviço Social, não obstante a preponderância desse padrão no interesse da classe burguesa.

Como mostra a literatura, a forte outorga do Estado, em suas estratégias de liberalização e desregulamentação das instituições de regulação de terras, beneficia-se ao exaltar o papel dos "[...] fundos de pensão, e *mutual funds*", além de outros canais financeiros, vias consideradas primordiais para a superação de todos os outros investimentos do sistema financeiro mundial (CHESNAIS, 1998, p. 21). Para esse autor, a liberalização dos movimentos de capitais e a abertura e inovações de tipos de produtos favorecem a expansão de fontes financeiras. Num diálogo crítico, Chesnais chama a atenção para a aquisição de terras, não apenas pelo avanço das *commodities* agrícolas, mas também por englobar outros recursos, como os minerais. Ele observa que o setor financeiro não opera diretamente na produção, mas é um "setor que também não cria nada". A esfera financeira alimenta-se da riqueza decorrente do investimento e da força de trabalho oriunda de diversos níveis de qualificação (CHESNAIS, 1996, p. 241-246). Remetendo a Karl Marx em suas análises sobre o valor de uso da mercadoria (MARX, 1975, p. 48), podemos afirmar que, embora só o trabalho humano crie valor, os aumentos da expansão do padrão "rentista" envolvem outros investimentos empresariais e finanças imobiliárias, sobretudo no setor fundiário[16], em benefício dos grandes proprietários de terras. Conforme o Censo Agropecuário de 2017, no Brasil os estabelecimentos com menos de 10 hectares correspondiam a 50,15% do total, enquanto os estabelecimentos maiores, acima de mil hectares, apenas 1% das propriedades, ocupavam 47,2% do total. Esses dados reiteram a histórica e intrínseca particularidade do país quanto à "não democratização da terra" para os que "nela trabalham e dela sobrevivem". No âmbito global, observa-se que "[...] 1% das maiores fazendas opera com mais de 70% das terras agrícolas do mundo" e que "a América Latina é um dos lugares mais desiguais em termos de renda e acesso à terra" (KATO; LEITE, 2020, p. 463).

---

16. A título de ilustração, constatamos que, entre os anos de 1990 e 2014, o cultivo de soja triplicou na América Latina, no Brasil e na Argentina, que concentraram mais de 90% da área. Só no Brasil, dos anos 1970 a 2019, a área de cultivo de soja passou de 1,3 milhão para 35,9 milhões de hectares (cf. KATO; LEITE, 2020, p. 466).

Particularidades de desigualdades e formas de resistência na ocupação de terras

Vimos que o Brasil é um dos países com maior concentração de terras do mundo. Observamos também que em países do "[...] sul da Ásia e na América Latina os 10% mais ricos entre os proprietários de terras [...] possuem 75% das terras agricultáveis, enquanto os 50% mais pobres possuem menos de 2%" de tais terras (WRM, 2021). Essa ampliação de compras de terras agricultáveis[17] confirma sua relevância diante das ameaças de crise energética, com o aumento de negócios na produção de culturas de agrocombustíveis, cana-de-açúcar e milho (BICALHO, 2022, p. 100).

Somos um país detentor de ecossistemas e biodiversidade inigualáveis, com inúmeras fontes de recursos naturais, mas repleto de complexidades e conflitos nas relações entre as classes e o Estado, com graves efeitos para os trabalhadores rurais, os povos e as comunidades tradicionais, não restritos às desigualdades de classes[18]. O desafio atual para o pensamento social e o Serviço Social na análise da questão agrária é enfrentar a luta anticolonial como pauta urgente no combate ao imperialismo, e recuperar as ligações entre os embates da questão agrária e sua particularidade com a questão social, além de combater as estratégias ideológicas de subordinação de camponeses, povos e comunidades tradicionais que vivem do cultivo da terra, mas são criminalizados e classificados como inferiores (por representarem uma cultura de resistência e origem indígena e

---

17. Conforme a União Nacional do Etanol de Milho (Unem), no Brasil, a produção do etanol extraído do milho deve alcançar 20% da produção nacional em 2028 (BICALHO, 2022, p. 101).

18. De acordo com um estudo da Organização das Nações Unidas para a Alimentação e a Agricultura (FAO), de 2015, cerca de 805 milhões de pessoas no mundo não têm comida suficiente para levar uma vida saudável e ativa. De acordo com a ONU (2012), a população mundial em 2024 será superior a 8 bilhões de pessoas e, em 2050, superior a 9,5 bilhões, exigindo maior oferta de alimentos (SAATH; FACHINELLO, 2018).

negra, ancorada nos ensinamentos de quilombos e aldeias). Desse modo, assim como entender a questão agrária como *contorno da questão social, elemento central da gênese das desigualdades sociais que afetam o campo e as cidades*, produzindo mecanismos de subordinação de trabalhadores e trabalhadoras na sociedade de classes, torna-se também fundamental apreender que a população negra e a população indígena foram as primeiras etnias a sofrerem a violência da histórica expropriação colonial e capitalista das terras brasileiras. Na reprodução dessa cultura colonialista, há na sociedade brasileira a reprodução racista dos estereótipos que responsabilizam os sujeitos do campo pela condição de pobreza em que vivem.

Vivemos um cenário de extrema precarização do trabalho no campo, marcado pelo recrudescimento da escravidão por dívida, perseguição, imposição de castigos e ameaças de morte. Em documento sobre conflito fundiário lançado em 2020, a Comissão Pastoral da Terra (CPT) revela o maior número de conflitos agrários e assassinatos já registrados desde 1985.

> O número de ocorrências passou de 1.903 em 2019, para 2.054 em 2020, envolvendo quase 1 milhão de pessoas. Desse total, 1.576 ocorrências são referentes a conflitos por terra, o que equivale a uma média diária de 4,31 conflitos por terra, que totalizam 171.625 famílias brasileiras, em um contexto de grave pandemia. (CASTRO, 2021)

Nos primeiros dias do governo Bolsonaro, a reforma agrária foi suspensa por tempo indeterminado, arquivando cerca de 250 processos em andamento[19]. Durante o governo Dilma, a reforma agrária já era praticamente inexistente. Dos assentamentos criados entre os anos de 1985 e 2016 no Brasil, Alentejano (2018) analisa que

---

19. Desde 2015, a reforma agrária sofreu cortes drásticos no financiamento, caindo de R$ 2,5 bilhões para R$ 762 milhões em 2019. No contexto mais geral, apesar do agravamento da crise, houve o abandono das lutas de massa em 2008, que trouxe consequências para a defesa da reforma agrária.

o governo Dilma ficou com uma fatia de 5% no primeiro mandato (2011 e 2014), mais 1% do período de início do segundo mandato até o golpe, em 2016. Esses dados demonstram o fracasso do projeto de conciliação de classes para os trabalhadores, considerando que reformas estruturais importantes como a reforma agrária foram fortemente freadas.

Com o golpe de 2016, em seus primeiros atos, o governo Temer extinguiu o Ministério de Desenvolvimento Agrário, indicou Blairo Maggi (um dos maiores produtores rurais do país) para assumir o Ministério da Agricultura, Pecuária e Abastecimento (Mapa) e cancelou a desapropriação e demarcação de terras quilombolas e indígenas[20].

O governo Bolsonaro nomeou o pecuarista Luiz Antônio Nabhan Garcia, presidente da União Democrática Ruralista (UDR) — um dos principais protagonistas no embate com o Movimento dos Trabalhadores Rurais sem Terra (MST) no conflito por terra no Pontal do Paranapanema —, como Secretário Especial de Assuntos Fundiários do Ministério da Agricultura, que transformou em prioridade do governo a venda de terras brasileiras a estrangeiros, como citamos antes, comprometendo agressivamente a soberania dos povos. Tais evidências políticas denotam o engessamento da reforma agrária, política imperiosa para a sobrevivência dos assentamentos e a formação de profissionais que valorizem a agricultura camponesa. No entanto, temos hoje possibilidades concretas de resistência organizada dos movimentos sociais no combate à concentração fundiária, ao massacre de povos indígenas, quilombolas e ribeirinhos por ação do garimpo, das madeireiras e do trabalho escravo, especialmente nos canaviais. A própria existência de assentamentos da reforma agrária e de comunidades quilombolas expressa contestação à ordem hegemônica no

---

20. Com a extinção do Ministério do Desenvolvimento Agrário (MDA) no governo Temer, foi criado o Ministério da Agricultura, com atribuições divididas entre o Ministério da Agricultura, Pecuária e e Abastecimento (Mapa) e o Ministério do Desenvolvimento Social (MDS).

campo, uma vez que esses sujeitos desenvolvem práticas em defesa da manutenção da vida, do trabalho e da preservação ambiental. A agroecologia é expressão disso; diversos coletivos se organizam em todo o Brasil na busca do seu desenvolvimento. No Rio de Janeiro, além da ação do MST, que se articula nacionalmente, também há outras organizações importantes na luta pela terra, a exemplo do Movimento dos Pequenos Agricultores (MPA) e do Coletivo Terra, empenhadas na luta em defesa da agricultura camponesa e da educação do campo, como princípios fundamentais para a produção da vida nos espaços rurais, fortalecendo a identidade camponesa e criando possibilidades de permanência no meio rural, em especial da juventude.

O trabalho de agroecologia desenvolvido pelo Coletivo Terra em Duque de Caxias (RJ), serve de base para a realização da produção a partir da cooperação, com autogestão. Trata-se de um trabalho coletivo, que concebe a agroecologia como contraposição ao agronegócio, não apenas por dar prioridade aos produtos orgânicos, mas principalmente pelo uso social e ecológico da terra, que também gera maior quantidade e qualidade dos alimentos produzidos. O trabalho dos agricultores na atualidade enfrenta desafios diários desde o processo de produção, de garantia do plantio e escoamento das mercadorias, tais como: estradas de péssima qualidade e dificuldade na preservação das sementes crioulas. Durante a grave crise sanitária como a da pandemia da covid-19, os agricultores viveram grandes limitações decorrentes do necessário isolamento social, que exigiu a construção de estratégias para o escoamento dos produtos.

> Desde o início da pandemia da covid-19, as formas de consumo, comercialização e escoamento tiveram que ser alteradas, pela restrição da circulação de pessoas e mercadorias e pela diminuição das feiras livres — fato que aumentou a demanda pelo escoamento dos alimentos produzidos pelas famílias camponesas e promoveu uma articulação entre categorias de trabalhadores urbanos

do transporte, que passaram a participar do SAAP (taxistas, mototaxistas e barqueiros). O espaço, que abarcava outros serviços, como restaurante e hospedagem, converteu-se em Centro de Abastecimento Alimentar Popular, passando a atuar exclusivamente na estruturação da logística, organização e distribuição dos alimentos. Atualmente, sua estrutura de trabalho divide-se nas seguintes brigadas: brigada de abastecimento externo (sistematização, finanças e comunicação) e abastecimento interno (montagem de cestas, logística, estocagem e armazenamento). (TÁVORA; MIRANDA; BATISTA, 2020, p. 285-286)

Nesse contexto de excesso de produção, experiências práticas servem de exemplo. Dirigentes de coletivos de luta pela terra (MPA e Coletivo Terra) articularam-se com a cidade, através do Centro de Integração na Serra da Misericórdia (CEM). Um trabalho com famílias do Complexo da Penha (RJ) permitiu que fossem escoados 700 kg de alimentos, numa diversidade de 11 produtos. "Durante a pandemia da covid-19 foi esse trabalho coletivo que contribuiu para a garantia de sobrevivência das comunidades das cidades que receberam cestas de forma solidária" (TÁVORA; MIRANDA; BATISTA, 2020, p. 289).

Entretanto, a criminalização e a ameaça de morte sofrida pelos dirigentes que lutam pela reforma agrária colocam em risco permanente experiências como essas. O crescimento do agronegócio, ocupando cargos na bancada ruralista no Congresso Nacional, tem aberto condições que favorecem ainda mais os aparatos legais ao crescimento do agronegócio no campo. Esse fator, associado ao uso da sua propaganda nos aparelhos privados de hegemonia (principalmente em escolas e na grande mídia), comanda o projeto privado do agronegócio, fazendo-o parecer como de interesse de todos.

Em referência à ação da Associação Brasileira do Agronegócio (ABAG), Lamosa e Loureiro destacam que esse modelo de organização "passou a desempenhar o papel de partido ou de 'Príncipe Moderno'

(GRAMSCI, 2011), no sentido de organizar e dar a direção moral e política à classe dominante no Brasil" (LAMOSA; LOUREIRO, 2014, p. 101). Os autores ressaltam que:

> A ABAG se caracteriza pelo alto poder de formação e difusão de seus interesses. O braço pedagógico desta representação é formado por organizações que se dividem entre as tarefas de formar os intelectuais orgânicos da classe e difundir a autoimagem do "agronegócio". (LAMOSA; LOUREIRO, 2014, p. 101)

Apesar desse cenário, temos exemplos de resistência no campo, protagonizados pela educação do campo do MST, que realiza a formação da sua juventude em assentamentos a partir dos princípios da agroecologia, da formação politécnica e integrada.

> A busca da formação humana no Projeto Pedagógico da escola está associada à promoção do conhecimento histórico, social, econômico, político, ambiental e cultural dos educandos para uma atuação crítica e participativa, buscando se apropriar do conhecimento popular e científico numa perspectiva de produzir novos conhecimentos que possam contribuir na transformação da realidade, do trabalho e da vida do campo. (BOTELHO, 2013, p. 393)

O processo de ocupação de terras como tática de lutas para a afirmação do direito a garantir o modo de vida camponês guarda relação com o aquilombamento, que já definia como necessária a ocupação dos territórios na luta anticolonial e anticapitalista, tal como nos mostra a experiência de Palmares e do povo negro organizado contra o escravismo, em que a ancestralidade africana e sua cultura estavam presentes como modo de vida alternativo.

Em entrevista para o n. 41 da *Revista Trabalho Necessário*, o dirigente do MPA, Beto Ribeiro, destaca o trabalho desenvolvido pelo Movimento no espaço "Raízes do Brasil" e em comunidades quilombolas, no estado do Rio de Janeiro, evidenciando como a potencialidade da produção dos pequenos agricultores do campo é invisibilizada, especialmente em grandes centros urbanos, como o Rio de Janeiro. A luta pela terra sinaliza a possibilidade de formação de intelectuais orgânicos da reforma agrária, que precisam ter seus saberes reconhecidos na elaboração e avaliação de políticas públicas voltadas para o campo. Serão os sujeitos do campo, trabalhadores rurais, povos e comunidades tradicionais que poderão denunciar a contrarreforma agrária e a urgência de experiências de resistência na ocupação de terras, produção agroecológica e educação do campo.

Considerações finais

O objetivo deste ensaio é contribuir para a discussão sobre a lógica desigual na distribuição da estrutura territorial, fundiária, com ênfase nos graves impactos às condições de vida dos trabalhadores rurais, povos e comunidades tradicionais no Brasil, frutos da lógica das relações sociais de produção capitalista. Tais fatos tornam urgente ampliar e aprofundar a crítica a essa lógica na sociedade burguesa, no âmbito das Ciências Sociais Aplicadas, em especial no Serviço Social. A ênfase no aumento das desigualdades sociais denuncia os descasos do Estado brasileiro com a política de reforma agrária e a pequena produção agrícola, no novo contexto de sociedades multinacionalizadas. Fenômenos, como expropriações de terras e violências derivadas da dominação e de conflitos de classes, têm agravado fortemente as condições de pobreza e dificultado ainda mais a sobrevivência dos trabalhadores e dos povos tradicionais. Tais implicações requisitam urgência de políticas públicas destinadas à preservação de condições dignas de vida no campo e dos recursos naturais. No Brasil, o descaso na regulação das relações de propriedade por parte do Estado tem resultado em expressiva devastação e invasões na estrutura territorial, em mudanças na função social da terra, no avanço de ocupações irregulares, no domínio de interesses externos. A produção de mercadorias agrícolas e não agrícolas em extensos territórios tem repercussões negativas na realidade socioambiental. O descaso e a exploração desordenada das múltiplas potencialidades hídricas, minerais e energéticas pressupõem amplos interesses, cujos sigilos financeiros destinam-se *à exploração e ao domínio de biodiversidades, ecossistemas, novas formas de energias, de gás etc.* O uso desproporcional do potencial da terra não é um tema novo, como diz Bicalho[21]. O avanço das forças produtivas neste início do século XXI tem na terra, mas não só nela, potenciais lucrativos para os negócios financistas. O aumento de *commodities* do agronegócio, da exportação de grãos etc.[22] acena para as metamorfoses das novas tecnologias digitais, técnicas e de equipamentos etc. Contudo, "o caráter anárquico da produção" (MELLO; NAKATANI, 2021, p. 10), os excessos, os esgotamentos de recursos e crises, como a recente crise estrutural em países, envolvem novos setores, imobiliários, de alimentos, de energia e clima[23].

A contraofensiva do capitalismo no Brasil, a concentração fundiária fomentada pelo chamado "*land grabbing*" ou "mercado global de terras", a forte associação entre capitais nacionais e estrangeiros e sua estreita interconexão com o Estado na apropriação de terras ampliam as fontes de ganhos rentistas e financeiros[24], combinando diversificação e modernização de sistemas de produção e serviços,

---

21. Bruna Bicalho esclarece que as apropriações de terras no Brasil ocorrem desde o período colonial e, apoiada em Cotula, diz que nos séculos XIX e XX havia investimentos agrícolas com vastas extensões de terras por capitais internacionais (japoneses, americanos e europeus) (Cf. BICALHO, 2022, p. 97-98).

22. Os limites deste trabalho não nos permitem alongar reflexões sobre esse tema.

23. Tais fatos acenam para a diversificação de investimentos e novas fontes financeiras, fundos de pensão, mútuos, empresas de *private equity*, bancos, que também passam a investir na agricultura (cf. CHESNAIS, 1996; BICALHO, 2022, p. 98).

24. Na defesa de interesses de grandes corporações, o Estado no novo sistema de crédito assume não só funções de bancos centrais, mas também dívidas e injeta dinheiro em contas bancárias de grandes empresas e corporações, a despeito do ônus das crises às classes trabalhadoras.

como: estradas, infraestrutura, máquinas, equipamentos tecnológicos e recursos naturais, carbono, gás, energia solar, eólica etc. O Brasil se destaca como um dos principais países da América Latina em que predominam interesses por esses investimentos (KATO; LEITE, 2020, p. 471-472). Por outro lado, os graves ataques aos povos indígenas tornam mais evidente o avanço do projeto predatório e destrutivo de ocupação de terras no Brasil. Os povos tradicionais são agredidos de forma voraz, em virtude do antagonismo que seu modo de vida, voltado diretamente para a preservação ambiental, guarda em relação à sociabilidade burguesa, cujo princípio fundamental na sociedade brasileira é a garantia de lucro aos capitalistas pela concentração fundiária. Esse arrazoado de questões mostra a lógica desigual e combinada dos interesses do sistema em suas relações e integração com o Estado. Sua estrutura e funcionamento colocam desafios para o Serviço Social, afetando sua ação profissional no enfrentamento dos antagonismos do sistema com as classes trabalhadoras, da negação dos direitos sociais e humanos básicos à vida e sobrevivência, no campo e nas cidades. Os povos indígenas enfrentam grandes dificuldades no acesso ao atendimento à saúde, sofrem com altas taxas de alcoolismo, suicídio, sem falar do descaso e do preconceito no tratamento por instituições de saúde. Podemos encontrar exemplos desse tratamento desigual na Instrução Normativa n. 9 da Fundação Nacional do Índio (BRASIL, 2020b), em que um órgão indigenista é transformado em instância de certificação para a invasão de posseiros e grileiros no interior das terras indígenas: "Ou seja, os invasores poderão requisitar documento à Funai para regularizar a sua invasão nos territórios indígenas, incluindo licenciamento para o exercício de atividades econômicas de impacto ambiental, como a extração de madeira" (BRASIL, 2020b)[25]. Ainda na trilha desses

---

25. O segundo grande ataque institucional e formal-burocrático é a tese do Marco Temporal, através do Parecer n. 001/2017 da Advocacia-Geral da União — AGU. De acordo com esse Parecer, os indígenas só teriam direito ao processo de demarcação de suas terras caso estivessem na posse

desmontes institucionais no setor rural, o governo Bolsonaro pôs fim ao Pronera, um projeto que, em 2010, criou mais de duas mil escolas públicas em assentamentos e acampamentos no Brasil, e foi responsável pela formação de 192 mil camponeses e camponesas da alfabetização ao ensino superior até 2015 (uma comprovação de que o projeto de desenvolvimento do país está comprometido com a ampliação do quadro de atraso). Explicita-se que a galopante concentração fundiária é protegida por grupos paramilitares armados, que atuam em nome dos grandes proprietários na promoção de assassinatos, buscando silenciar vozes contestadoras. Na outra ponta, o Estado atua legislando de forma favorável ao agronegócio, como ocorreu com a liberação da legislação ambiental, permitindo amplo desmatamento das florestas e queimadas a serviço dos madeireiros, liberação da caça predatória, exploração de garimpos, colocando em risco espécies ameaçadas de extinção, mas protegendo o avanço do latifúndio sobre as áreas de reserva indígena, com liberação da entrada de agrotóxicos no país. Os retrocessos corroborados por esse governo reiteram a Emenda Constitucional n. 95/2016, aprovada no governo Temer, que aprofunda medidas de contrarreformas, difundidas como "necessárias" para o capital superar sua crise, impondo desafios à organização das lutas dos trabalhadores. Tais fatos exigem que o pensamento social avance na análise crítica, com pesquisas, ações e contraposições à direita ultraliberal, que aposta na redução do valor da força de trabalho ante os cortes brutais de direitos e do acirramento de desigualdades de classes.

Desta forma, torna-se urgente pensarmos a realidade sócio-histórica e o debate crítico nas Ciências Sociais Aplicadas, em especial o projeto de formação do Serviço Social, profissão cujos fundamentos do seu trabalho "[...] só se explicam na história",

---

desses territórios no ato da promulgação da Constituição Federal de 1988, o que vem negar toda a história e as relações de territorialidade construídas por esses povos e legitimar as formas de violência sofridas antes da promulgação da Constituição de 1988.

(RIBEIRO, 2012, p. 87). Assim, precisamos avançar na apreensão das amplas *determinações da questão agrária e das particularidades e expressões da questão social*, obscurecidas diante das contradições e dos antagonismos nessas relações. Só assim teremos condições de intervir na realidade em defesa dos interesses dos trabalhadores, das lutas e dos movimentos sociais, dos avanços de informações e na consolidação de projetos democráticos na sociedade, bem como na defesa da reforma agrária, com ações voltadas para a melhoria das condições objetivas de vida, trabalho e sobrevivência da população do campo, o fortalecimento das lutas e práticas de educação popular, contra a negação de direitos sociais, do racismo estrutural e dos preconceitos, áreas de competência dos assistentes sociais, na defesa dos direitos sociais, humanos e socioambientais, no âmbito da sociedade como totalidade histórica.

Referências

ALENTEJANO, Paulo. A política agrária do governo Temer: a pá de cal na agonizante reforma agrária brasileira? *Okara:* Geografia em Debate, João Pessoa, v. 12, n. 2, p. 308-325, 2018. Disponível em: https://periodicos.ufpb.br/index.php/okara/article/view/41319. Acesso em: 30 dez. 2023.

ALENTEJANO, Paulo. Contrarreforma agrária, violência e devastação no Brasil. *Revista Trabalho Necessário*, v. 20, n. 41, p. 1-30, 2022. DOI: https://doi.org/10.22409/tn.v20i41.52451.

BARBOZA, Douglas Ribeiro; BOTELHO, Jacqueline (org.). *Lutas sociais e a ofensiva do capital no Brasil contemporâneo*: desafios e estratégias de organização da classe trabalhadora. Uberlândia: Navegando Publicações, 2020.

BICALHO, Bruna. A terra como ativo financeiro: mecanismos, práticas e instrumentos. *Revista Tamoios*, Rio de Janeiro: Escola Nacional de Ciências Estatísticas (ENCE/IBGE), 2022.

BOTELHO, Jacqueline. *As experiências de ensino médio do Movimento dos Trabalhadores Sem Terra (MST) e suas contribuições à emancipação humana*. 2013. Tese (Doutorado em Serviço Social) — Programa de Pós-Graduação em Serviço Social, Universidade do Estado do Rio de Janeiro, Rio de Janeiro, 2013.

BRASIL. Ministério da Economia. Instituto Brasileiro de Geografia e Estatística (IBGE). *Síntese de indicadores sociais*: uma análise das condições de vida da população brasileira. Rio de Janeiro: IBGE, 2020a. Disponível em: https://biblioteca.ibge.gov.br/visualizacao/livros/liv101760.pdf. Acesso em: 16 mar. 2022.

BRASIL. Ministério da Justiça e Segurança Pública. Fundação Nacional do Índio. Instrução Normativa n. 9, de 16 de abril de 2020. *Diário Oficial da União*: seção 1, Brasília, p. 32, 22 abr. 2020b.

CASTRO, Mariana. CPT estima quase 1 milhão de envolvidos em conflitos no campo, maior número desde 85. *Brasil de Fato*, Imperatriz (MA), 31 maio 2021. Disponível em: https://www.brasildefato.com.br/2021/05/31/cpt-estima-quase-1-milhao-de-envolvidos-em-conflitos-no-campo-maior-numero-desde-85. Acesso em: 13 maio 2022.

CHESNAIS, François. *A mundialização do capital*. Tradução: Silvana F. Foá. São Paulo: Xamã, 1996.

CHESNAIS, François. *A mundialização financeira*: gênese, custos e riscos. São Paulo: Xamã, 1998.

CUENCA, Paula. Estrangeiros já são donos de quase 4 milhões de hectares no Brasil. *Canal Rural*, Brasília, 30 dez. 2020. Disponível em: https://www.canalrural.com.br/noticias/agricultura/terras-rurais-donos-estrangeiros-brasil. Acesso em: 28 jan. 2022.

DULCI, Luiza. Sobre a liberação da venda de terras para estrangeiros no Brasil. *Brasil de Fato*, 3 jan. 2017a. Disponível em: https://www.brasildefato.com.br/2017/01/03/artigo-sobre-a-liberacao-da-venda-de-terras-para-estrangeiros-no-brasil. Acesso em: 27 dez. 2023.

DULCI, Luiza. Cepal: a elevada desigualdade na América Latina constitui um obstáculo para o desenvolvimento sustentável. *Cepal*, 30 maio 2017b. Disponível em: https://www.cepal.org/pt-br/comunicados/cepal-elevada-desigualdade-america-latina-constitui-obstaculo-o-desenvolvimento. Acesso em: 27 dez. 2023.

GARRIDO, Bibiana. Desmatamento na Amazônia cresceu 56,6% sob governo Bolsonaro. *IPAM Amazônia*, 2 fev. 2022. Disponível em: https://ipam.org.br/desmatamento-na-amazonia-cresceu-566-sob-governo-bolsonaro/. Acesso em: 27 dez. 2023.

GUERRA, Alexandre. Concentração de terras na América Latina é a pior do mundo. *Fundação Perseu Abramo*, 12 set. 2018. Disponível em: https://fpabramo.org.br/2018/09/12/concentracao-de-terra-no-brasil-e-pior-do-mundo/. Acesso em: 20 mar. 2019.

GUERRA, Alexandre. Estudo mostra o mapa da desigualdade da distribuição de terras no Brasil. *Imaflora*, 11 maio 2020. Disponível em: https://www.imaflora.org/noticia/estudo-mostra-o-mapa-da-desigualdade-da-distribuicao-de-terras-no-brasil#. Acesso em: 7 jul. 2022.

INSTITUTO BRASILEIRO DE GEOGRAFIA E ESTATÍSTICA (IBGE). Síntese de indicadores sociais: em 2019, proporção de pobres cai para 24,7% e extrema pobreza se mantém em 6,5% da população. *Agência IBGE Notícias*, 12 nov. 2020. Disponível em: https://agenciadenoticias.ibge.gov.br/agencia-sala-de-imprensa/2013-agencia-de-noticias/releases/29431-sintese-de-indicadores-sociais-em-2019-proporcao-de-pobres-cai-para-24-7-e-extrema-pobreza-se-mantem-em-6-5-da-populacao. Acesso em: 23 dez. 2023.

KATO, Karina Yoshie Martins; LEITE, Sergio Pereira. *Land grabbing*, financeirização da agricultura e mercado de terras: velhas e novas dimensões da questão agrária no Brasil. *Revista da Anpege*, v. 16, n. 29, p. 458-489, 2020. Disponível em: https://ojs.ufgd.edu.br/index.php/anpege/article/view/12506. Acesso em: 28 dez. 2023.

LAMOSA, Rodrigo; LOUREIRO, Carlos Frederico B. Agronegócio e educação ambiental: uma análise crítica. *Ensaio: Avaliação e Políticas Públicas em Educação*, v. 22, n. 83, jun. 2014. DOI: https://doi.org/10.1590/S0104-40362014000200011.

LÊNIN, Vladímir Ilitch. *Imperialismo*: fase superior do capitalismo. Tradução: Olinto Beckerman. 4. ed. São Paulo: Global, 1987.

LUKÁCS, György. Marxismo e questões de método nas ciências sociais. O marxismo ortodoxo. *In*: NETTO, José Paulo (org.). *Sociologia*. São Paulo: Ática, 1981. (Coleção Grandes Cientistas Sociais).

LUSTOSA, Maria das Graças Osório P. A privatização da terra no Brasil e sua funcionalidade ao agronegócio no capitalismo multinacionalizado. *In*: CARMO, Onilda Alves do; SANT'ANA, Raquel Santos (org.). *In*: SIMPÓSIO DO NATRA: MOVIMENTOS SOCIAIS, AGROECOLOGIA E SOBERANI ALIMENTAR. 8., 2018, Franca. *Anais* [...]. Franca: Unesp-FCHS, 2018.

LUSTOSA, Maria das Graças Osório P. *Reforma agrária à brasileira*: política social e pobreza. São Paulo: Cortez, 2012.

MAPBIOMAS (BRASIL). Área ocupada pela mineração no Brasil cresce mais de 6 vezes entre 1985 e 2020. *MapBiomas (Brasil)*, 30 ago. 2021. Disponível em: https://brasil.mapbiomas.org/2021/08/30/area-ocupada-pela-mineracao-no-brasil-cresce-mais-de-6-vezes-entre-1985-e-2020/?cama_set_language. Acesso em: 23 dez. 2023.

MARX, Karl. *O capital*: crítica da economia política. Tradução: Reginaldo Sant'Anna. 3. ed. Rio de Janeiro: Civilização Brasileira, 1975. Livro I: O processo de produção do capital, v. 2.

MARX, Karl. *O capital*: crítica da economia política. Tradução: Reginaldo Sant'Anna. 5. ed. Rio de Janeiro: Civilização Brasileira, 1991. Livro 3: O processo global de produção capitalista, v. 6.

MELLO, Gustavo Moura de Cavalcanti; NAKATANI, Paulo (org.). *Introdução à crítica da financeirização*: Marx e o moderno sistema de crédito. São Paulo: Expressão Popular, 2021.

MOVIMENTO MUNDIAL PELAS FLORESTAS TROPICAIS (WRM). Por que rejeitar a privatização de terras de ocupação tradicional e posse coletivo?, *Boletim WRM*, 254, 9 mar. 2021. Disponível em: https://www.wrm.org.uy/pt/artigos-do-boletim/por-que-rejeitar-a-privatizacao-de-terras-de-ocupacao-tradicional-e-posse-coletivo. Acesso em: 15 dez. 2021.

OCDE. *Avaliações de desempenho ambiental*: Brasil 2015. Paris: OCDE/Cepal, 2016. Disponível em: https://read.oecd-ilibrary.org/environment/ocde-avaliacoes-de-desempenho-ambiental-brasil-2015_9789264268159-pt#page1. Acesso em: 27 dez. 2023.

PAZ, Walmaro. Bolsonaro ataca reforma agrária e agricultura familiar com decreto no Carnaval. *Brasil de Fato*, Porto Alegre, 27 fev. 2020. Disponível em: https://www.brasildefato.com.br/2020/02/27/bolsonaro-ataca-reforma-agraria-e-agricultura-familiar-com-decreto-no-carnaval. Acesso em: 27 dez. 2023.

REDAÇÃO CANAL RURAL. Estrangeiros já são donos de quase 4 milhões de hectares no Brasil; portugueses e japoneses lideram. *Canal Rural*, 30 dez. 2020. Disponível em: https://www.canalrural.com.br/agricultura/terras-rurais--donos-estrangeiros-brasil/. Acesso em: 28 jan. 2022.

RIBEIRO, Eleusa B. O estágio no processo de formação dos assistentes sociais. *In*: FORTI, Valeria; GUERRA, Yolanda (org.). *Serviço Social*: temas, textos e contextos. Rio de Janeiro: Lumen Juris, 2012.

SAATH, Kleverton Clovis de Oliveira; FACHINELLO, Arlei Luiz. Crescimento da demanda mundial de alimentos e restrições do fator terra no Brasil. *Revista de Economia e Sociologia Rural*, abr./jun. 2018. Disponível em: https://www.scielo.br/j/resr/a/DdPXZbMzxby89xBDg3XCTgr/?lang#. Acesso em: 28 jan. 2022.

SANT'ANA, Raquel Santos. *Trabalho bruto no canavial*: questão agrária, assistência social e Serviço Social. São Paulo: Cortez, 2012.

SILVA, Maria das Graças e. *Questão ambiental e desenvolvimento sustentável*: um desafio ético-político ao Serviço Social. São Paulo: Cortez, 2010.

TÁVORA, Bruna; MIRANDA, Cosme Henrinque G.; BATISTA, Débora Lins. Economia popular e estratégias de reciprocidade em agroecologia camponesa: produção e distribuição de alimentos entre o Coletivo Terra e o Movimento dos Pequenos Agricultores no Rio de Janeiro. *In*: BARBOZA, Douglas Ribeiro; BOTELHO, Jacqueline (org.). *Lutas sociais e a ofensiva do capital no Brasil contemporâneo*: desafios e estratégias de organização da classe trabalhadora. Uberlândia: Navegando Publicações, 2020.

4
A fome e o Serviço Social:
um debate sobre soberania e segurança alimentar e nutricional

Leile Silvia Candido Teixeira

Introdução

O objetivo deste texto é abordar o tema da fome desde a perspectiva de acúmulo do Serviço Social, isto é, tratá-lo a partir do enfoque da questão social e de seu enfrentamento no âmbito do Estado e, portanto, das políticas sociais, considerando o movimento das classes sociais em conflito constante no interior do modo de produção capitalista.

A fome merece destaque no âmbito de investigação na profissão por seu poder de destruição e eliminação de parte da classe trabalhadora (ZIEGLER, 2013); por estar envolvida em ganhos de mercado (GEORGE, 1978; MADELEY, 2003); por explicitar a realidade dos usuários do Serviço Social, desvelando aspectos da essência de seu cotidiano que de outras formas não poderiam ser apreendidos (CASTRO, 1980; JESUS, 2015); e, dentre vários outros motivos que se poderiam citar, por ser um insulto à nossa humanidade. Desde o mais profundo sentido do primeiro princípio do código de ética profissional dos assistentes sociais: "reconhecimento da liberdade como valor ético central e das demandas políticas a ela inerentes — autonomia, emancipação e plena expansão dos indivíduos sociais" (CFESS, 2011), não é possível projetar indivíduos autônomos, emancipados e livres enquanto houver na sociedade pessoas famélicas.

Para desenvolver esse tema multifacetado, parto de um elemento fundamental da compreensão do fenômeno da fome que diz respeito ao fato de não se tratar de algo natural na história da humanidade. Somo-me a Maria Carolina de Jesus (1914-1977), uma mineira que passou grande parte de sua vida numa favela às margens do rio Tietê em São Paulo e apresenta uma obra contundente sobre a fome chamada *Quarto de despejo* (2015), em que faz uma crítica social de seu tempo, que envolve política, economia e uma análise profunda do trabalho do Serviço Social. Em sua obra literária, Carolina de Jesus explicita taxativamente que a fome é uma invenção dos que comem! Essa frase tem um poder de síntese incrível. É dessas frases que capturam nossa capacidade reflexiva e põem por terra uma quantidade enorme de debates periféricos sobre o tema.

Na escrita contundente de Carolina de Jesus, que parte da experiência empírica da fome, ressoa o que, por outra via, a teórica, está registrado nos Anais da Economia Política, no debate travado por Engels com o texto de Malthus, por exemplo. Em seu *Ensaio sobre o princípio da população*, Thomas Robert Malthus (1766-1834)[1] afirmava que a população teria um crescimento exponencial, ao passo

---

1. Malthus nasceu na Inglaterra e pertencia à aristocracia rural inglesa. Formou-se em Matemática pelo Jesus College da Universidade de Cambridge. Aos 27 anos, foi admitido como pesquisador da Universidade de Cambridge e, em 1796, tornou-se curador de uma paróquia em Albury. Publicou *Ensaio sobre o princípio da população* anonimamente em 1798, reformulando-o muitas vezes (1806, 1807,

que a produção de alimentos cresceria aritmeticamente, de modo que a fome e a miséria eram um caminho natural — aos sobrantes, logicamente, para Malthus, as famílias empobrecidas, restava a necessária eliminação, seja por doenças, seja pela fome, que não deveriam receber nenhum tipo de assistência social. Longe de desaparecer, as ideias de Malthus ainda estão presentes na atualidade, tendo como seguidores economistas importantes, como Keynes.

Contrário a Malthus e a outros autores considerados fundadores da Economia Política, como Smith e Ricardo, Friedrich Engels (1820-1895) escreveu um texto visceral, *Esboço para uma crítica da economia política* (ENGELS, 2020), no qual faz um análise das teorias da Economia Política da época, especialmente as relativas à fome, e considera que a capacidade produtiva da força de trabalho humana é capaz de produzir excedentes. Além disso, os campos ainda poderiam ser alcançados pela agricultura, e a ciência e a técnica também avançariam exponencialmente, garantindo a produção de alimentos. No entanto, ele advertia que a fome seria gerada pela própria dinâmica de produção do modo de produção capitalista, que se consolidava, pois era um sistema de crises, de acumulação de riquezas e não de distribuição, de concentração e expansão desordenada de capitais, que colocava, de um lado, um contingente de trabalhadores e trabalhadoras esmagados pelo processo de trabalho e, de outro, uma massa de famélicos. Com esse texto, Engels lançava as bases para o que mais adiante Marx desenvolveria em *O capital*, fundamento para a compreensão do mecanismo que sustentará a fome moderna.

Em seu quarto, nas margens do Tietê, Carolina também compreendeu bem a questão e nos informa de quem é a responsabilidade pela fome, que ela não é natural e sim uma invenção, de responsabilidade de quem come. Ao fazê-lo, demonstra consciência de classe,

---

1817 e 1824). No prefácio ao segundo ensaio, Malthus informava que aquele texto era muito diferente do primeiro (SZMRECSÁNYI, 1982). As premissas, no entanto, sempre continuaram as mesmas.

apreendendo no movimento do real as determinações que explicitam o objeto que destrói a vida.

Passados alguns séculos do debate posto por Malthus, refutado por Engels e, especialmente, desenvolvido por Marx, temos ferramentas suficientes para verificar que os elementos para a apreensão da fome no século XXI estão no complexo sistema agroindustrial e militar de produção de alimentos (POLLAN, 2007). Esse sistema transforma o alimento em mercadoria e faz o mesmo com toda a cadeia de produção de alimentos. Sucintamente, a produção de alimentos levada a cabo pelo modo de produção capitalista lança mão da violência com potência e método econômico (MARX, 2006; CASTELO, 2021) na expulsão de famílias camponesas do campo e na concentração de terras. A base da produção capitalista do alimento-mercadoria é a lavoura extensiva, mecanizada e latifundiária (GEORGE, 1978; FERNANDES, 2005); as sementes são convertidas em sementes transgênicas, e sua produção é realizada com altos índices de adubos químicos e agrotóxicos (WILKINSON, 2000; CARNEIRO *et al.*, 2015). A agricultura concentra-se em poucos grãos, especialmente milho e soja, que alimentam tanto a cadeia de produção de carne animal com rações, quanto a indústria de produtos ultraprocessados. Esses alimentos-mercadorias, tanto *in natura* quanto minimamente processados ou ultraprocessados, percorrem longas distâncias, o que requer uma rede de transportes alicerçada em combustível fóssil, petróleo, e sua comercialização é feita por uma rede de super e hipermercados (POLLAN, 2007; TEIXEIRA, 2015). O resultado desse modelo é uma transição nutricional que levará parte da população ao excesso de peso e à obesidade (MONTEIRO, 1995; 2003), relegando a outra parcela à persistência da fome absoluta e oculta, num processo de destruição e eliminação em massa (ZIEGLER, 2013).

Tanto o Estado como os movimentos sociais darão respostas a esse processo de desenvolvimento do capital e suas consequências para a vida em sociedade. O Estado lançará mão de políticas sociais de combate à fome, ao passo que os movimentos sociais recorrerão à organização da classe com vista à construção do poder popular. Neste texto, abordo sobretudo os movimentos camponeses vinculados à Via Campesina, cujas propostas de produção são contrárias ao modo de produção capitalista.

Dentre as respostas que o Estado formulou para o combate à fome, o Brasil se destaca por sua trajetória e pelo que conseguiu alcançar, notadamente até 2014, quando saiu do mapa da fome da Organização das Nações Unidas para a Alimentação e a Agricultura (FAO), atingindo a meta do milênio da Organização das Nações Unidas (ONU)[2]. A seguir tratarei, com as dimensões possíveis a um capítulo, destes tópicos: 1) como o termo *segurança alimentar* se tornou o orientador da política de combate à fome; 2) alguns elementos da política de combate à fome brasileira; e 3) o debate da soberania alimentar e a construção da reflexão da Via Campesina, com ênfase no debate do Movimento dos Pequenos Agricultores (MPA).

1. A dialética segurança-insegurança num modo de produção que tem a crise em sua estrutura e em que a violência se torna uma potência econômica

Como já apontava Engels (2020) em seu primeiro esboço de crítica à economia política e como irá desenvolver mais detalhadamente Marx em *O capital* (2003; 2006), o modo de produção

---

2. As metas de desenvolvimento do milênio da ONU foram estabelecidas pela Declaração do Milênio das Nações Unidas em 2000 e adotadas por 191 Estados-membros, dentre eles o Brasil. A primeira meta era erradicar a fome e a pobreza. Em minha tese de doutorado, questiono o dado de que em 2014 saíamos do mapa da fome e problematizo os parâmetros da FAO com os dados do IBGE (cf. TEIXEIRA, 2015).

capitalista é constituído estruturalmente por crises cíclicas. A crise tem um estopim, algo que será registrado na história como seu motivador, mas os elementos que a causam estão na própria dinâmica do sistema. Não é possível determinar por antecipação quando e quais os determinantes de cada crise, embora seja possível saber, pela própria dinâmica do sistema, que elas acontecerão.

As crises mais intensas registradas na história do capital foram as de 1929, da década de 1970 e a de 2008, que segue até o momento intensificada pela crise sanitária da pandemia de covid-19[3]. Na literatura, há várias interpretações sobre essas crises. Autores como Mandel (1982) sustentavam que às crises cíclicas se sucediam períodos longos de acúmulo de capital, e autores como Mészáros (2002) afirmavam que a crise da década de 1970 tinha incidência tal que não era mais um crise cíclica, e sim a crise estrutural do capital, que levava todo o sistema ao colapso.

Algumas dessas crises geraram processos tão intensos de perdas ao capital que as medidas para sua superação só foram encontradas historicamente em medidas igualmente contundentes, como as guerras. A violência como potência econômica tem na guerra sua forma mais elaborada; a guerra permite uma destruição tal que movimenta quantidade de capital exorbitante, tanto em seu processo de desenvolvimento (pensemos nas armas e munições), nos meios de transporte (submarinos, aviões, tanques), na indústria bioquímica (bombas atômicas, armas nucleares, armas biológicas), na tecnologia de inteligência, na telefonia, na computação, como na destruição das cidades, que necessitarão de um volume grande de capital para serem reconstruídas em seguida, movimentando novamente um capital estagnado pela crise.

---

3. Em dezembro de 2019, surgiu na China um novo vírus, o coronavírus (Sars-CoV-2), responsável pela covid-19, uma doença que atingiu todo o globo terrestre. Dentre as medidas sanitárias para a contenção do vírus estavam o isolamento social, o uso de máscaras e de álcool em gel. A pandemia de covid-19 ainda estava vigente quando este capítulo foi redigido em 2022.

Cabe ressaltar que a fome também é uma arma de guerra e foi a estratégia utilizada pelo exército alemão, italiano e finlandês durante o cerco a Leningrado (atual São Petersburgo), que durou quase três anos (LOWE, 2000). A política alimentar era um eixo da estratégia de guerra alemã. Anos antes de iniciar a guerra, a Alemanha desenvolveu uma rigorosa disciplina de produção e estocagem de alimentos por meio de um organismo especialmente criado para isso — o *Reichnaehrstand* — e com a implementação da indústria "dos substitutos alimentares", os *ersatz* (CASTRO, 1961, p. 418). Nascia a moderna indústria da comida pronta e a noção de segurança alimentar.

Por outro lado, a expansão alemã pelo território europeu obedecia a uma política da "fome organizada":

> Conforme palavras pronunciadas em 1940 pelo líder trabalhista do Reich, Robert Ley, "uma raça inferior necessita de menos espaço, menos roupa e menos alimento do que a raça alemã". Os povos colaboradores, empenhados em tarefas de importância vital, ou militar, para a segurança da Alemanha, recebiam uma alimentação que lhes permitia manter certa eficiência no trabalho; já os inimigos eram limitados a um regime de privação intensa, que lhes tirava toda a combatividade, sendo que certos grupos raciais, como o dos judeus, eram submetidos a um regime de verdadeiro extermínio. (CASTRO, 1961, p. 420-421)

A fome como estratégia de guerra segue presente na história mais recente. Ziegler (2013) destaca o programa Petróleo por Alimentos imposto ao povo iraquiano entre 1991 e 2003. O programa permitia que Saddam Hussein vendesse petróleo a cada seis meses, no marco da Guerra do Golfo. O pagamento era feito numa conta bloqueada no banco de Nova York, que permitia ao governo iraquiano comprar no mercado mundial bens indispensáveis à sobrevivência da população.

Muito rapidamente o comitê de sanções recusou as solicitações de importação de alimentos e remédios, justificando que eles também poderiam ser utilizados como armas militares. Assim, "segundo as estimativas mais comedidas, 550.000 crianças iraquianas morreram por subalimentação entre 1996 e 2000" (ZIEGLER, 2013, p. 233).

Essa conjunção de crises cíclicas e violência como potência econômica é uma constante na história do capitalismo. Não é de estranhar que os termos Segurança e Insegurança ganhem tanta relevância no plano das políticas sociais, mas não me parece casual ou neutra sua origem e a que servem. É notório que a política social no interior do modo de produção capitalista é uma forma de o Estado intervir em expressões da questão social que apresenta ganhos para o capital, bem como para as classes trabalhadoras, e se é verdade que esses ganhos respondem à correlação de forças da luta de classes, também é verdadeiro que o limite das políticas socais está em não causar perdas significativas ao capital.

A Europa já começava a falar no tema da segurança alimentar no final Primeira Guerra Mundial, de forma que o debate ganhou corpo paulatinamente, mas o termo só se consolidou com a Segunda Guerra Mundial. A proposta básica seria ter estoques de alimentos suficientes para atravessar períodos de guerra, que serviriam também para períodos de crises ambientais, perdas de safras e pandemias, mas o que estava no debate naquele momento era especialmente a segurança em função das ameaças de guerra.

O período entreguerras apresenta uma guinada do Estado, que passará por uma de suas fases mais ideologicamente intervencionistas. Esse período é marcado pelo New Deal (1933-1937) norte-americano, implementado por Franklin Roosevelt, e pelas ideias de John Maynard Keynes, que em 1936 escreve o livro *Teoria geral do emprego, do juro e da moeda*, no qual defende a intervenção do mercado na economia para regular as crises econômicas. Durante a Segunda Guerra Mundial merece destaque o Plano Beveridge (1942-1950), que marcará o estado de bem-estar inglês.

Esse período, que se convencionou chamar de keynesiano na forma de intervenção do Estado, soma-se à conjuntura de final da Segunda Guerra Mundial, na qual se via um mundo fortemente polarizado entre as forças capitalistas cujas potências ascendentes pós-guerra são os Estados Unidos, pelo polo capitalista, e a União das Repúblicas Socialistas Soviéticas, pelo polo oposto socialista. O período seguinte será chamado de Guerra Fria, e essa oposição bastante delineada entre capitalismo e socialismo é uma chave de análise fundamental para apreender os avanços do Estado de bem-estar social, especialmente europeu, mas também da dialética segurança-insegurança pela qual se vê ameaçado o próprio sistema capitalista.

Se as políticas sociais avançam notadamente nesse período, inclusive influenciando mais adiante a formulação da Constituição Federal brasileira de 1988, a terminologia de guerra encharcará o debate das políticas sociais; daí a semelhança nada casual de terminologia, com termos como: público-*alvo*, *combate* à fome, *segurança-insegurança* alimentar, *eliminar* a pobreza, entre outros. No interior da política social, a meu ver, essa terminologia não é neutra e também carrega seu legado histórico, sua gênese e as determinações de sua origem belicista, que têm a violência como potência econômica.

Além de uma polarização mundial, saímos da Segunda Guerra Mundial com as agências multilaterais como a ONU, fundada em 1945, e com a FAO, fundada em 1946, com a missão de acabar com a fome no mundo, mas também com um resíduo de guerra que precisava de destinação, notadamente as armas químicas. Essa junção redundará na estratégia da "revolução verde", em contraponto à "revolução vermelha" dos países socialistas e também em contraposição às ideias de Josué de Castro (1908-1973), que em 1956 deixará a FAO convencido de que o organismo não cumpriria o papel que ele um dia sonhara (STÉDILE; CARVALHO, 2012).

A revolução verde nada mais foi que a intensificação da produção capitalista de alimentos, servindo-se das sobras da guerra e banhando terras, solos e ar com adubos químicos e agrotóxicos, exterminando "pragas" e com elas a vida do solo e das águas, com o pretexto de produzir alimentos para eliminar a fome e garantir a segurança alimentar. Como já sabemos, não funcionou. A FAO irá incorporar em sua perspectiva essa dinâmica de produção de alimentos, via mercado, e essa é a razão pela qual os movimentos sociais da Via Campesina irão se contrapor ao caminho escolhido pela FAO e ao termo segurança alimentar.

Antes, porém, de entrarmos nesse tema específico, é importante fazer uma nota sobre a questão da segurança alimentar e nutricional (SAN).

Ademais de sua história cunhada pelo vínculo com a situação de guerra do início do século XX, o conceito de segurança alimentar e nutricional é um conceito polissêmico e sujeito a várias interpretações (PESSANHA, 1998; MALUF, 2007).

Segundo Maluf (2007), a noção de SAN refere-se ao acesso aos bens alimentares (alimentos) e à forma como estes são apropriados pelas pessoas. A ideia aqui é retomada de Castro (1961). O núcleo central está no fato de que os alimentos são compreendidos como vitais, pois a falta deles, em outros termos, a fome aguda ou endêmica, pode levar à morte. Entretanto, é mais que isso, uma vez que a ingestão inadequada de alimentos ou a ingestão de alimentos inadequados também podem levar à morte ou ao comprometimento severo da saúde.

Assim, a má alimentação e os problemas advindos dela entram na agenda de discussão, como insegurança alimentar, sobretudo dos alimentos oriundos da indústria de alimentos. Maluf (2007) defende que a SAN seja incorporada aos objetivos que orientam as escolhas estratégicas do país, na relação com as políticas públicas.

Nessa trilha, é importante salientar que a SAN diz respeito a toda a população e não somente aos estratos de pobreza. Segundo os autores, existem muitas definições para SAN, com significados e orientações distintas. Pessanha (1998), num estudo detalhado sobre o tema, informa que a noção de SAN envolve quatro conteúdos: a garantia da produção e oferta agrícola; a garantia do direito universal de acesso aos alimentos; a garantia da qualidade sanitária e nutricional dos alimentos consumidos; e a garantia de conservação e controle da base genética do sistema agroalimentar.

Pessanha (1998) e Gomes Junior (2015) entendem a segurança alimentar e nutricional como uma noção orientadora para as políticas públicas e não um objetivo. Isso permite uma ampliação da compreensão do problema do combate à fome via Estado, uma vez que, como orientador de políticas públicas, o conceito obrigatoriamente implica uma estruturação distinta da política. Nesse aspecto,

> [...] segurança alimentar significa garantir, a todos, condições de acesso a alimentos básicos de qualidade, em quantidade suficiente, de modo permanente e sem comprometer o acesso a outras necessidades essenciais, com base em práticas alimentares saudáveis, contribuindo, assim, para uma existência digna, em um contexto de desenvolvimento da pessoa humana. (PESSANHA, 1998, p. 21)

Essa formulação foi elaborada no Fórum Brasileiro de Soberania e Segurança Alimentar e Nutricional, em 2003, e aprovada na II Conferência Nacional de Segurança Alimentar e Nutricional, realizada em Olinda, em 2004. Explica Maluf (2007) que a formulação brasileira acrescenta ao conceito o adjetivo "nutricional" à expressão "segurança alimentar" já difundida internacionalmente. Isso ocorre para agregar dois aspectos que estão na base da discussão brasileira de SAN, o socioeconômico e o de saúde e nutrição, que expressam a perspectiva intersetorial implícita no debate brasileiro. Para o autor, essa particularidade da discussão brasileira agrega duas dimensões que são inseparáveis: a disponibilidade de alimentos e sua qualidade.

O Sistema Nacional de Segurança Alimentar e Nutricional (Sisan), estruturado atualmente no Brasil, incorpora o debate sobre a noção de segurança e insegurança alimentar e nutricional. Nele, a SAN é entendida como:

> Art. 3º A segurança alimentar e nutricional consiste na realização do direito de todos ao acesso regular e permanente a alimentos de qualidade, em quantidade suficiente, sem comprometer o acesso a outras necessidades essenciais, tendo como base práticas alimentares promotoras de saúde que respeitem a diversidade cultural e que sejam ambiental, cultural, econômica e socialmente sustentáveis. Art. 4º A segurança alimentar e nutricional abrange: I — a ampliação das condições de acesso aos alimentos por meio da produção, em especial da agricultura tradicional e familiar, do processamento, da industrialização, da comercialização, incluindo-se os acordos internacionais, do abastecimento e da distribuição dos alimentos, incluindo-se a água, bem como da geração de emprego e da redistribuição da renda; II — a conservação da biodiversidade e a utilização sustentável dos recursos; III — a promoção da saúde, da nutrição e da alimentação da população, incluindo-se grupos populacionais específicos e populações em situação de vulnerabilidade social; IV — a garantia da qualidade biológica, sanitária, nutricional e tecnológica dos alimentos, bem como seu aproveitamento, estimulando práticas alimentares e estilos de vida saudáveis que respeitem a diversidade étnica e racial e cultural da população; V — a produção de conhecimento e o acesso à informação; e VI — a implementação de políticas públicas e estratégias sustentáveis e participativas de produção, comercialização e consumo de alimentos, respeitando-se as múltiplas características culturais do País. (BRASIL, 2006)

Para Stédile e Carvalho (2012, p. 716), "segurança alimentar é uma política pública aplicada por governos de diversos países que parte do princípio de que todas as pessoas têm o direito à alimentação e que cabe ao Estado o dever de prover os recursos para que as pessoas se alimentem". Portanto, partimos do pressuposto de que a segurança alimentar está no âmbito das políticas sociais elaboradas pelo Estado, mas sujeita a suas contradições.

O debate de soberania alimentar tem outra chave teórica e política; localiza-se no âmbito das lutas sociais e na construção do poder popular, sendo desse modo um catalisador da luta social em contraposição ao modelo capitalista de produção.

2. Destaques da política de combate à fome no Brasil e de segurança alimentar e nutricional

No histórico da política de combate à fome, como ocorre nas demais políticas sociais, o Estado brasileiro tem uma linha descontínua, fragmentada, sujeita aos matizes de cada governo. Nos limites deste texto, não é possível fazer o histórico da política[4]. Restrinjo-me, portanto, a chamar a atenção para alguns elementos que permitem pensá-la, já que a intervenção do Estado é fundamental para a perspectiva da garantia de direitos. Podemos ver, por exemplo, que, quando a política social avançou, as condições de vida da população também avançaram, ainda que nunca definitivamente.

Um primeiro ponto a ser destacado diz respeito à constituição do salário mínimo e aos estudos para a definição da cesta básica. No processo de fixação do salário mínimo nacional, o governo Getúlio Vargas (1930-1945) estabeleceu comissões para fazer um estudo sobre o salário mínimo, e essas comissões partiram da cesta básica necessária para os trabalhadores e trabalhadoras, brasileiros e brasileiras. Os alimentos escolhidos correspondiam a três regiões

---

4. Para um histórico detalhado da política, consultar Gomes Junior, 2015.

e a uma média nacional[5], cabendo a cada região uma quantidade de alimentos. A cesta básica nacional era constituída de: carne (6 kg); leite (15 L); feijão (4,5 kg); arroz (3 kg); farinha (1,5 kg); legumes (tomates) (9 kg); pão francês (6 kg); café em pó (600 g); frutas (banana) (7,5 dz); açúcar (3 kg); banha/óleo (1,5 kg); manteiga (900 g.) (cf. BRASIL, 1938).

Essa é a cesta básica que segue vigente até o momento, e é a referência para os cálculos alimentares baseados no parâmetro da cesta. Cabe notar que, a partir desse estudo, o salário mínimo deveria ser capaz de responder às necessidades da população com alimentação e demais necessidades, nos termos da lei.

> Denomina-se salário mínimo a remuneração mínima devida a todo trabalhador adulto, sem distinção de sexo, por dia normal de serviço e capaz de satisfazer, em determinada época, na região do país, as suas necessidades normais de alimentação, habitação, vestuário, higiene e transporte. (BRASIL, 1938, art. 2º)

Relevante lembrar que o direito à alimentação não entrou no texto da Constituição de 1988, sendo acrescentado apenas em 2010. De todo modo, o texto atual da Constituição é este:

> Art. 7º São direitos dos trabalhadores urbanos e rurais, além de outros que visem à melhoria de sua condição social: [...]
> IV — salário mínimo, fixado em lei, nacionalmente unificado, capaz de atender a suas necessidades vitais básicas e às de sua família com moradia,

---

5. Região 1: estados de São Paulo, Minas Gerais, Espírito Santo, Rio de Janeiro, Goiás e Distrito Federal; Região 2: estados de Pernambuco, Bahia, Ceará, Rio Grande do Norte, Alagoas, Sergipe, Amazonas, Pará, Piauí, Tocantins, Acre, Paraíba, Rondônia, Amapá, Roraima e Maranhão; Região 3: estados do Paraná, Santa Catarina, Rio Grande do Sul, Mato Grosso e Mato Grosso do Sul; Nacional: cesta normal média para a massa trabalhadora em atividades diversas e para todo o território nacional (BRASIL, 1938).

alimentação, educação, saúde, lazer, vestuário, higiene, transporte e previdência social, com reajustes periódicos que lhe preservem o poder aquisitivo, sendo vedada sua vinculação para qualquer fim. [...]. (BRASIL, 1988)

A título de reflexão, o Departamento Intersindical de Estatística e Estudos Socioeconômicos (Dieese) faz mensalmente o estudo do custo da cesta básica e o compara com o salário nominal e o salário necessário para responder aos preceitos constitucionais vigentes. Os valores para os últimos dois anos podem ser vistos nas tabelas 1 e 2 abaixo (os valores são absolutos e a cesta básica considerada é a da cidade de São Paulo, por ser a cidade mais populosa do país). Considerei os anos de 2020 e 2021 por serem anos da pandemia de covid-19.

Em 2020, como está demonstrado na Tabela 1, observa-se que a cesta básica alcançava metade do salário mínimo, ou seja, muito provavelmente uma família que recebia o salário mínimo naquele ano teria muitas dificuldades para garantir uma alimentação adequada. O valor do salário deveria ser 4,5 vezes maior para garantir condições de vida para a população.

Tabela 1 — Salário mínimo nominal, necessário e cesta básica na cidade de São Paulo no ano de 2020[6]

Meses	Jan.	Fev.	Mar.	Abr.	Maio	Jun.	Jul.	Ago.	Set.	Out.	Nov.	Dez.	Média
Salário mínimo (em reais)	1.039,00	1.045,00	1.045,00	1.045,00	1.045,00	1.045,00	1.045,00	1.045,00	1.045,00	1.045,00	1.045,00	1.045,00	1.044,50
Salário necessário (em reais)	4.347,61	4.366,51	4.483,20	4.673,06	4.694,57	4.565,60	4.420,11	4.536,12	4.892,75	5.005,91	5.289,53	5.304,90	4.714,99
Cesta básica (São Paulo – em reais)	517,51/11	519,76	518,50	556,25	556,36	547,03	524,74		539,95	595,87	629,18	690,51	516,20

Fonte: Tabela elaborada com base em dados do Dieese.

---

6. Os dados para essa tabela foram coletados em 11 de junho de 2022, no *site*: https://www.dieese.org.br/. Naquele momento, não estavam disponíveis os dados da cesta de agosto de 2020.

Para o ano de 2021, a situação piora, como pode ser visto na Tabela 2, pois a relação entre o salário mínimo nominal e o necessário passa a mais de 5 vezes, e a cesta básica torna-se ainda mais cara.

Tabela 2 — Salário mínimo nominal, necessário e cesta básica na cidade de São Paulo no ano de 2021[7]

Meses	Jan.	Fev.	Mar.	Abr.	Maio	Jun.	Jul	Ago	Set	Out	Nov	Dez	Média
Salário mínimo (em reais)	1.100,00	1.100,00	1.100,00	1.100,00	1.100,00	1.100,00	1.100,00	1.100,00	1.100,00	1.100,00	1.100,00	1.100,00	1.100,00
Salário necessário (em reais)	5.495,52	5.375,05	5.315,74	5.330,69	5.351,11	5.421,84	5.518,79	5.583,90	5.657,66	5.886,50	5.969,17	5.800,98	5.558,91
Cesta básica (São Paulo – em reais)	654,15	639,47	626,00	632,61	636,40	626,76	640,51	650,50	673,45	693,79	692,27		651,45

Fonte: Tabela elaborada com base em dados do Dieese.

Se a conjuntura é muito grave para a população assalariada, é ainda mais grave para a que não tem salário ou renda. Assim, a política social de combate à fome tem uma grande relevância para a história do Brasil. Dentre as várias políticas que compõem o enfrentamento à fome, vou destacar algumas que, por suas características, amplitude, abrangência e frequência alcançadas, a meu ver são importantes para o debate da fome.

A primeira é a política de alimentação escolar, que tem sua primeira formulação em 1958 e é a única política social brasileira que não teve descontinuidade até o ano de 2022. Outra ação importante dentro da política de combate à fome é a política de alimentação do trabalhador, instituída em 1976 e ainda vigente. Durante muitos anos, porém, a política social brasileira na contraposição à fome sofreu muitos influxos, relegada a doações de cestas básicas ou à distribuição de leite. Ela só adquiriu consistência de política pública com o debate do Partido dos Trabalhadores (PT), especialmente

---

7. Os dados para essa tabela foram coletados em 11 de junho de 2022, no *site*: https://www.dieese.org.br/. Naquele momento não estavam disponíveis os dados da cesta de dezembro de 2021.

impulsionado pela campanha presidencial de Luiz Inácio Lula da Silva (Lula) no ano de 2002.

De fato, o PT já vinha discutindo o tema da fome muito antes. A própria sociedade brasileira viu o tema ganhar projeção na década de 1990 com as campanhas de Betinho da Ação pela Cidadania. Naquele período de transição para a democracia e de aprovação da nova Constituição, o PT perdeu as eleições de 1989 e constituiu uma organização chamada Governo Paralelo. Essa organização fez a primeira formulação do Programa Fome Zero, que se propunha a:

> Garantir a segurança alimentar, assegurando que todos os brasileiros tenham, em todo momento, acesso aos alimentos básicos de que necessitam. Para isso, a disponibilidade agregada nacional de alimentos deveria ser suficiente, estável, autônoma, sustentável e equitativamente distribuída.
> As principais propostas foram: geração de empregos, recuperação dos salários e expansão da produção agroalimentar, com os seguintes eixos de atuação: a) políticas de incentivo à produção agroalimentar (reforma agrária, política agrícola e política agroindustrial); b) política de comercialização agrícola (preços mínimos, estoques reguladores e gestão de entrepostos); c) distribuição e consumo de alimentos por meio de medidas de descentralização do setor varejista, controle de preços e margens, ampliação dos programas de distribuição de alimentos básicos; d) ações emergenciais de combate à fome. (SILVA; CAMARGO, 2001, p. 10)

Cabe notar que a proposta, tal qual está redigida no documento, associa imediatamente segurança alimentar com acesso e produção de alimentos. Aponta-se para uma política de abastecimento com controle tanto da produção quanto da armazenagem. As ações emergenciais de combate à fome aparecem como última ação, necessária, porém não o centro da estratégia de combate à fome.

O documento do Governo Paralelo previa ainda a criação do Conselho Nacional de Segurança Alimentar e Nutricional (Consea), realizado no governo Itamar Franco (1992-1994). Além de uma reforma agrária que atingisse 3 milhões de famílias em 15 anos, era previsto o auxílio para a produção e comercialização de produtos de pequenos e médios agricultores, o fortalecimento do Programa de Alimentação do Trabalhador (PAT) e a erradicação da desnutrição infantil. Para esse período, os números utilizados pelo governo e tratados pelos idealizadores do Programa Fome Zero indicavam haver no país:

> [...] 54,4 milhões de pessoas que não possuem renda suficiente para os gastos básicos, como alimentação, vestuário, moradia e saúde, dos quais cerca da metade, ou 24 milhões de pessoas, não têm renda suficiente sequer para se alimentar adequadamente. Além disso, verifica-se uma crescente vulnerabilidade do país em relação à segurança alimentar diante das constantes oscilações de preços dos alimentos, crescente dependência de alimentos importados e diminuição dos estoques públicos de produtos agrícolas. (SILVA; CAMARGO, 2001, p. 10)

Observe-se que o registro da fome para a década de 1990 era de 24 milhões. O combate à fome será o lema da campanha do PT em 2002, que foi vitoriosa, como sabemos. A proposta era que cada brasileiro/brasileira pudesse fazer ao menos três refeições ao dia. No primeiro ano de governo, o PT criou o Ministério Extraordinário de Segurança Alimentar e Combate à Fome (MESA), cujo ministro foi José Graziano da Silva, com a missão de conduzir o processo de institucionalização do Programa. Nesse ano foi criado também o Ministério de Assistência e Promoção Social, comandado por Benedita da Silva. Os dois ministérios duraram um ano. Em janeiro de 2004, foram dissolvidos e criou-se o Ministério do Desenvolvimento e Assistência Social, Família e Combate à Fome (MSD), que sobreviveu ao governo Temer e ao governo Bolsonaro, porém apenas com a política de repasse de renda. No governo do PT, o combate à fome ficou a cargo de uma Câmara interministerial comandada pelo MDS. Ao final do governo do PT, a Câmara contava com 19 ministérios na articulação da política.

A política de segurança alimentar, no período petista, articulou várias outras políticas, entre as quais se destacam: o Programa Nacional de Apoio à Captação de Água de Chuva e outras Tecnologias Sociais (Programa Cisternas), responsável por mais de mil cisternas no semiárido; o Programa Nacional de Alimentação Escolar (PNAE)[8], que, como já foi dito, existe há muitos anos, mas nesse período passou a contar com uma legislação específica que permitia que 30%[9] das compras da merenda escolar fossem feitas diretamente da agricultura familiar[10], o que impulsionou também a possibilidade de venda dos produtos das famílias camponesas; os restaurantes populares, que foram abertos em muitas cidades brasileiras e forneciam uma alimentação balanceada a um custo muito baixo; em 2014, o Ministério da Saúde elaborou um excelente guia alimentar, que é um primor em matéria de orientação alimentar e referência mundial; o Programa de Aquisição de Alimentos (PAA), que previa a garantia da compra de alimentos da agricultura familiar em qualquer quantidade; e a criação de estoques na Companhia Nacional de Abastecimento (Conab), que tinha uma potência enorme, por garantir o escoamento da produção da agricultura familiar, que sempre constituiu um problema.

Além desses programas, também estava no rol de programas da política de segurança alimentar o Programa Bolsa Família, responsável pelo repasse de dinheiro diretamente às famílias para compra de alimentos e de produtos de primeira necessidade. Os programas

---

8. A alimentação escolar é garantida para o ensino fundamental, porém não é garantida em todas as escolas de ensino médio e não chega às universidades. Como política básica de alimentação, deveria ser garantida para todos os níveis escolares com uma alimentação correspondente ao *Guia alimentar para a população brasileira*, em frequência e quantidades suficientes para garantir um pleno aprendizado de crianças, adolescentes e adultos que frequentem as instituições públicas de ensino.

9. Esse programa é fundamental para a circulação de produtos das famílias camponesas e, de fato, necessita ser ampliado para 100%, pois garante uma alimentação escolar com produtos frescos, *in natura* e minimamente processados, modificando muito a saúde de crianças e adolescentes.

10. Toda a política social do período foi elaborada considerando o termo *agricultura familiar*, com um escopo muito abrangente. Quando nos referimos às famílias camponesas, estamos nos referindo às famílias organizadas em movimentos sociais camponeses.

assistenciais de transferência de renda são importantes na sociedade capitalista, e de fato, em seus 18 anos de existência[11], o Bolsa Família contribuiu para a redução da miséria no Brasil, embora nunca tenha conseguido alcançar o equivalente a uma cesta básica nos termos já informados neste texto. Alguns estudos apontam que as famílias utilizaram o recurso para a aquisição de eletrodomésticos, sobretudo da linha branca[12], numa ação de compras com parcelamento em longo prazo que as parcelas do programa permitiam saldar. Além disso, o Programa também favoreceu a aquisição de alimentos ultraprocessados, que são mais baratos devido a seu tempo de permanência nas prateleiras. Não obstante todos esses fatores, foi o programa que ganhou maior relevância, notoriedade e persistência em relação aos demais programas, o que demonstra uma tendência de subsunção da política de segurança alimentar à política de assistência social.

Ao centrar o combate à fome na assistência social e não na produção de alimentos que se localiza na política de agricultura, o governo não enfrenta o problema da relação de produção de alimentos e de produção da fome provocada pelo capital, ameniza por alguns anos o problema, mas não o resolve, e a fragilidade da resposta aparece muito rapidamente quando se muda a direção do governo, como vimos no governo de Jair Bolsonaro.

De fato, os dados do IBGE de 2018 apontavam um aumento no índice de fome no Brasil já em 2016. Esse aumento é decorrente da conjugação entre a crise do capital que, em seu último ciclo de 2008, não conseguiu se recuperar, e as crises ambiental e hídrica, que atingiram e atingem diretamente a produção e o preço dos alimentos. A elas se somou a crise sanitária provocada pelo Sars-CoV-2. A pandemia intensificou uma tendência que já estava posta para o Brasil, e fez com que em dezembro de 2021 o país alcançasse o número de 33 milhões de pessoas em situação de fome.

---

11. Em novembro de 2022, o governo Bolsonaro trocou o nome do programa para Auxílio Brasil.
12. Tais como geladeiras, fogões, micro-ondas, máquinas de lavar roupas, dentre outros.

Embora sejam muito importantes no combate à fome e, se bem orientadas, apresentem ganhos significativos, as políticas sociais guardam uma contradição interna que não é possível superar no interior da ordem capitalista. Se, em certa medida, elas apresentam ganhos para as classes trabalhadoras e camponesa, esses ganhos só são permitidos enquanto não impõem perdas significativas ao capital. Grande parte da política de segurança alimentar no mundo foi elaborada para impulsionar os ganhos do agronegócio, e no Brasil a política de conciliação de classes não é diferente.

O tema da fome está na própria dinâmica de acumulação do capital, que expele força de trabalho à medida que se concentra e se expande. Essa massa de trabalhadores e trabalhadoras expelida do processo produtivo serve ao processo de acumulação por meio de trabalhos precários, flutuantes, intermitentes (MARX, 2006), uberizados ou ilegais, e o capital gerado com a ilegalidade não deve ser desprezado nas análises sobre a persistência do problema da fome. Não se pode esquecer também a parcela da população vinculada ao tráfico de armas, de drogas, de órgãos, de pessoas para prostituição, à indústria da guerra etc.

Por todos esses fatores, o tema do combate à fome e da produção de alimentos para os movimentos sociais campesinos está além da segurança alimentar, envolvendo o debate sobre a soberania. Esse debate projeta a construção de poder popular e o confronto direto com as estratégias do capital.

3. Soberania alimentar: um debate de poder popular

O debate de soberania alimentar surge na Via Campesina no contexto da Cúpula Mundial da Alimentação da FAO em 1996. O debate da FAO girava em torno da segurança alimentar e ajustava a noção de segurança alimentar ao livre-comério de alimentos, abrindo caminho para o avanço do agronegócio, nos parâmetros já apontados neste texto. Os movimentos vinculados à Via Campesina, e especialmente as mulheres presentes na Cúpula, questionavam esse caminho da FAO e organizaram um fórum paralelo em que se iniciou o debate sobre a soberania alimentar (STÉDILE; CARVALHO, 2012).

Esse debate consolidou-se no interior dos movimentos da Via Campesina. No encontro da Via Campesina realizado em Havana em 2002, as mulheres novamente impulsionaram o debate sobre a soberania alimentar, inspiradas pela história do povo cubano e pelos ensinamentos de José Martí, para quem "um povo que não produz seus alimentos é um povo escravo". Essa frase estaria muito presente no movimento camponês e seria lembrada recorrentemente em textos, eventos, faixas, pronunciamentos.

O tema da soberania tem uma gênese muito distinta do termo segurança, apontando para a necessidade de autodeterminação dos povos, para sua capacidade de construir autonomia, liberdade e emancipação humana. Em 2007, no Fórum Mundial pela Soberania Alimentar, realizado em Mali, afirmou-se que:

> A soberania alimentar é um direito dos povos a alimentos nutritivos e culturalmente adequados, acessíveis, produzidos de forma sustentável e ecológica, e seu direito de decidir seu próprio sistema alimentício e produtivo. Isso coloca aqueles que produzem, distribuem e consomem alimentos no coração dos sistemas e políticas alimentárias, por cima das exigências dos mercados e das empresas. (Declaração de Nyéléni, *apud* STÉDILE; CARVALHO, 2012)

Projetar soberania alimentar é, portanto, projetar organização popular e camponesa em contraposição à lógica de produção capitalista, construir mecanismos de consolidação de poder popular e trazer para o domínio das forças populares o controle de todos os processos que envolvem a produção e a circulação de alimentos.

Dentre os movimentos da Via Campesina, o Movimento dos Pequenos Agricultores (MPA) incorporará a bandeira da soberania alimentar como uma de suas principais orientadoras de luta. O movimento tem como lema "Aliança Campo e Cidade por Soberania Alimentar", e propõe sua organização de luta por meio da construção de um plano camponês para o Brasil que passa por cinco eixos: campesinato e história; terra e território; nova base produtiva; nova geração camponesa; e feminismo camponês e soberania, que é entendida como: biodiversidade, hídrica, mineral, energética, alimentar e territorial.

O debate sobre soberania alimentar aponta para outra lógica de organização da produção, na qual cada povo, com suas origens, história e cultura alimentar, escolha como será sua alimentação. A produção de alimentos é feita com respeito à biodiversidade, para o movimento camponês, por meio da agroecologia, com técnicas de manejo de solo e da natureza que passam pela diversidade e não pela homogeneização da produção.

As sementes são um tópico muito específico no debate de soberania, pois manter, preservar e cultivar a diversidade genética das sementes crioulas é uma tarefa a que o movimento camponês se dedica diuturnamente com casas e campos de semente, feiras de trocas, entre outras medidas.

Sustentar a diversidade da produção e fazer com que ela esteja cada vez mais próxima das famílias que irão consumir os produtos são outros debates constantes, bem como as redes curtas de abastecimento. De forma geral, trata-se de construir outra lógica de produção e distribuição de alimentos que passe pelo controle e pelas decisões das famílias camponesas e não pelo grande capital.

Essa luta está no marco do poder popular, da construção democrática e do processo revolucionário, que só é possível com construção de poder popular.

Considerações finais

A perspectiva analítica que sustento para a análise da persistência da fome no século XXI situa o fenômeno da fome no movimento de acumulação do capital para a produção de alimentos. Sob esse modo de produção, os alimentos são transformados em mercadoria, em *commodities*, configurando, por um lado, um complexo sistema agroalimentar e, por outro, a própria manipulação da fome em parcelas da população mundial como arma de dominação de mercados e eliminação em massa.

Como expressão da questão social, a fome atinge frontalmente as parcelas mais empobrecidas das classes trabalhadoras e camponesa, e convoca as forças sociais a debaterem o tema e apresentarem respostas. O Estado o faz com políticas sociais, que avançam e retrocedem em função das crises do capital e da correlação de forças da luta de classes. Os movimentos sociais também constroem suas respostas. No caso dos movimentos vinculados à Via Campesina, a resposta apresentada aponta para uma mudança no modo de produção e, consequentemente, na produção de alimentos e para a construção de poder popular.

Para o Serviço Social, a fome é um tema de investigação bastante ausente nos estudos da profissão. Minha hipótese é que, ao longo de sua história, o Serviço Social creditou aos estudos sobre a pobreza suficiência analítica para explicar o fenômeno da fome, dispensando-se, assim, de se aprofundar essa expressão da questão social. No entanto, a construção social da fome contém elementos importantes, que merecem destaque. Além disso, sua própria persistência num momento histórico em que se produzem alimentos para alimentar o dobro da população global exige leituras que não se restrinjam à mera circulação de mercadorias. Cabe, portanto, o convite a seguirmos investigando e produzindo conhecimento a esse respeito desde o acúmulo da profissão.

Referências

AS VINHAS DA IRA. Direção: John Ford. Los Angeles: 20th Century Fox, 1940. 2h9min.

BRASIL. Constituição (1988). *Constituição da República Federativa do Brasil*. Brasília: Senado Federal, 1988.

BRASIL. Ministério do Desenvolvimento Social e Combate à Fome. Lei n. 11.346, de 15 de setembro de 2006. *Diário Oficial da União*, 18 set. 2006.

BRASIL. Presidência da República. Decreto-Lei n. 399, de 30 de abril de 1938. *Diário Oficial da União*, 30 abr. 1938.

CARNEIRO, Fernando Ferreira et al. *Dossiê Abrasco*: um alerta sobre os impactos dos agrotóxicos na saúde. Rio de Janeiro: EPSJV; São Paulo: Expressão Popular, 2015.

CASTELO, Rodrigo. A violência como potência econômica na gênese da "Questão Social" no Brasil. *Temporalis*, Brasília (DF), ano 21, n. 42, p. 94-109, jul./dez. 2021.

CASTRO, Josué de. *Geopolítica da fome*. 6. ed. São Paulo: Brasiliense. 1961. 2 v.

CASTRO, Josué de. *Geografia da fome*. Rio de Janeiro: Antares/Achiamé, 1980.

CONSELHO FEDERAL DE SERVIÇO SOCIAL (CFESS). *Código de ética profissional*. 10. ed. Brasília: CFESS, 2011.

ENGELS, Friedrich. Esboço para uma crítica da economia política. *Verinotio*: Revista On-line de Filosofia e Ciências Humanas, ano XV, v. 26, n. 2, jul./dez. 2020. Disponível em: http://www.verinotio.org/sistema/index.php/verinotio/article/view/589/478. Acesso em: 13 jun. 2022.

FERNANDES, Florestan. *A revolução burguesa no Brasil*. Rio de Janeiro: Zahar, 2005.

GEORGE, Susan. *O mercado da fome*: as verdadeiras razões da fome no mundo. Rio de Janeiro: Paz e Terra, 1978.

GOMES JUNIOR, Newton Narciso. *Segurança alimentar e nutricional e necessidades humanas*. São Paulo: Perseu Abramo, 2015.

HOBSBAWM, Eric J. *A era dos extremos*: o breve século XX — 1914-1991. 2. ed. São Paulo: Companhia das Letras, 1994.

JESUS, Maria Carolina. *Quarto de despejo*: diário de uma favelada. 10. ed. 2. reimp. São Paulo: Ática, 2015.

LOWE, Lara (dir.). *Cerco a Leningrado*. São Paulo: Abril Cultural, 2000 [DVD]. Coleção Battlefield, v. 6. Disponível em: https://www.youtube.com/watch?v=ujR5O8HXGI0. Acesso em: 11 nov. 2014.

MADELEY, John. *O comércio da fome*. Petrópolis: Vozes, 2003.

MALUF, Renato Sérgio Jamil. *Segurança alimentar e nutricional*. Petrópolis: Vozes, 2007.

MANDEL, Ernest. *O capitalismo tardio*. Tradução: Carlos Eduardo Silveira Matos; Regis de Castro Andrade; Dinah de Abreu Azevedo. São Paulo: Abril Cultural, 1982.

MARX, Karl. *O capital*: crítica da economia política. Tradução: Reginaldo Sant'Anna. 21. ed. Rio de Janeiro: Civilização Brasileira, 2003. Livro I: O processo de produção do capital, v. 1.

MARX, Karl. *O capital*: crítica da economia política. Tradução: Reginaldo Sant'Anna. 21. ed. Rio de Janeiro: Civilização Brasileira, 2006. Livro I: O processo de produção do capital, v. 2.

MARX, Karl. *Introdução à crítica da economia política*. Tradução: Florestan Fernandes. 2. ed. São Paulo: Expressão Popular, 2008.

MÉSZÁROS, István. *Para além do capital*: rumo a uma teoria da transição. Tradução: Paulo Cezar Castanheira; Sérgio Lessa. São Paulo: Boitempo, 2002.

MONTEIRO, Carlos Augusto. A dimensão da pobreza, da fome e da desnutrição no Brasil. *Estudos Avançados*, v. 24, n. 9, p. 195-207, 1995.

MONTEIRO, Carlos Augusto. Fome, desnutrição e pobreza: além da semântica. *Saúde e Sociedade*, v. 12, n. 1, p. 7-11, jan./jun. 2003.

PESSANHA, Lavínia. *Segurança alimentar como princípio orientador de políticas públicas*: implicações e conexões para o caso brasileiro. 1998. Tese (Doutorado em Política Social) — Universidade Federal Rural do Rio de Janeiro, Seropédica, 1998.

POLLAN, Michael. *O dilema do onívoro*. Tradução: Cláudio Figueiredo. Rio de Janeiro: Intrínseca, 2007.

SILVA, Luiz Inácio; CAMARGO, José Alberto. *Projeto Fome Zero*: uma proposta de política de segurança alimentar para o Brasil. São Paulo: Instituto de Cidadania, 2001. (Mimeo.)

STÉDILE, João Pedro; CARVALHO, Horácio. Soberania alimentar. *In*: CARDALT, Roseli Salete *et al.* (org.). *Dicionário de educação do campo*. Rio de Janeiro: Escola Politécnica de Saúde Joaquim Venâncio; São Paulo: Expressão Popular, 2012.

SZMRECSÁNYI, Tamás (org.). *Malthus*. São Paulo: Ática, 1982. (Coleção Grandes Cientistas Sociais, Economia, 24).

TEIXEIRA, Leile Silva Candido. *O valor da fome no Brasil*: entre as necessidades humanas e a reprodução do capital. 2015. Tese (Doutorado) — Universidade Federal do Rio de Janeiro, Rio de Janeiro, 2015.

WILKINSON, John (coord.); CASTELLI, Pierina German. *A transnacionalização da indústria de sementes no Brasil*: biotecnologias, patentes e biodiversidade. Rio de Janeiro: ActionAid, 2000.

ZIEGLER, Jean. *Destruição em massa*: geopolítica da fome. Tradução: José Paulo Netto. São Paulo: Cortez, 2013.

5
Indígenas e quilombolas:
lutas, direito ao território e compromisso ético-político do Serviço Social

Daniella de S. Santos Néspoli
Elizângela Cardoso de Araújo Silva

Introdução

Vivemos num contexto de grandes retrocessos e desmontes dos direitos sociais. A recuperação da memória de resistência nos dá a possibilidade de nos nutrir da força vital de lutas travadas pelos nossos antepassados, reconhecendo os caminhos percorridos para defender a ancestralidade dos modos de vida, tradições, culturas de resistência e garantir a existência de futuras gerações. Essa trajetória nos indica estratégias para enfrentar o avanço do capitalismo no campo e a ofensiva do agronegócio que vêm criando um cenário de genocídio, perseguição e violência contra lideranças e populações indígenas e quilombolas.

A relação entre povos indígenas e quilombolas e a terra envolve diversas problemáticas da questão fundiária no Brasil, com suas desigualdades no acesso e no uso da terra. As violências sofridas em conflitos diretos com ruralistas, donos do agronegócio, têm acarretado consequências nefastas para esses povos.

Um longo processo de devastação física e cultural eliminou grupos e inúmeras etnias originárias e de origem africana, especialmente através da ruptura histórica entre os índios, os negros, a terra e todo o ecossistema, ameaçando a própria continuidade da existência da vida indígena e do povo quilombola e sua possibilidade de autodeterminação e auto-organização, produção e reprodução social.

No interior da reprodução histórica de preconceitos e de toda forma de violência da escravidão, perseguições e catequização, também se registrou a diversidade de formas de organização social e de resistência dos povos originários e negros de matriz africana, com a constituição de fronteiras étnicas e territoriais na luta pela terra.

A terra, na sua dimensão política e econômica, é um bem que envolve muitas tensões de disputa. Por se tratar de um meio de produção de riqueza bastante valioso, dispondo de diferentes possibilidades de exploração, seu acesso, uso e apropriação são desiguais, sendo marcados pela violência institucional e material, bem como por estratégias políticas que promovem concentração e expropriação. Trata-se, aqui, da constituição do latifúndio.

Neste capítulo, apresentamos reflexões consideradas fundamentais para o entendimento da natureza das lutas históricas dos povos indígenas e quilombolas, das ameaças contemporâneas do agronegócio ao direito à terra, ao território. O estudo e a construção do conhecimento da história, das condições de vida, da organização social e política das populações negra e indígena no Brasil estão entre as primeiras demandas para a afirmação do compromisso político ético-político do Serviço Social.

Estas reflexões buscam contribuir com a análise da trajetória dessas populações no país e do cenário de ofensiva do agronegócio, apontando caminhos de atuação para a profissão de Serviço Social.

Aspectos históricos no processo de formação da sociedade brasileira: o sistema escravista e a resistência dos povos indígenas e quilombolas

Neste tópico, apresentamos elementos para a análise do sistema escravista, que se estruturou na exploração da força de trabalho dos povos indígenas e do povo negro africano durante o pacto colonial, identificando seus resultados no processo de organização econômica do Brasil no contexto contemporâneo. Considerando que a história é composta por processos em contradições, evidenciamos o protagonismo e a luta desses povos na formação da sociedade brasileira.

Com o avanço do capitalismo mundial e da industrialização, o Brasil vem intensificando a exploração e a capitalização dos bens naturais, da terra e do trabalho, no campo e na cidade, ocasionando o agravamento das desigualdades sociais e regionais que marcam a vida das populações originárias. A lógica do neoliberalismo e do desenvolvimento econômico estruturado no agronegócio e na agroindústria vem confrontando a sobrevivência e a existência dos povos indígenas e dos povos do campo, camponeses e quilombolas, que estão submetidos às ameaças de destruição de seus territórios, espaços culturais e sociais sagrados, do ambiente natural em que vivem e da biodiversidade, que foram por eles preservados durante várias gerações.

É necessário reconhecer que o Brasil da desigualdade e do genocídio tem raízes profundas e históricas, e alicerçou-se numa ordem social e produtiva baseada na exploração do trabalho humano e da natureza.

Indo ao encontro desses pensamentos, Octavio Ianni (1978), em sua obra *Escravidão e racismo*, afirma que os conflitos do mundo moderno capitalista se fundamentam no escravismo. O autor apresenta os enigmas ocultos na questão racial, como sucessão e multiplicação de xenofobias, etnicismos, intolerância, preconceitos, segregações, racismo e ideologias que foram historicamente produzidas na dinâmica das relações sociais, compreendendo as suas implicações políticas, econômicas e culturais.

Ianni também evidencia que a escravização de povos originários indígenas e africanos na colonização das Américas foi um *braço* da expansão do capitalismo, fundamentando o seu processo de transição comercial para a sua fase industrial no mundo e na realidade da sociedade escravista colonial. O autor afirma que, mesmo interligadas com a lógica econômica voltada para a exportação e o abastecimento das metrópoles europeias, nas colônias, as relações de exploração, opressão e violência, objetivadas pelo acúmulo de riquezas e pelas desigualdades entre classes sociais, reproduzem a implantação de um sistema localizado, interligado com o modelo de avanço do capitalismo mundial.

A apropriação do território brasileiro pelos portugueses se deu pela exploração, cujo principal objetivo era extrair da colônia todos os recursos naturais que ela poderia oferecer. O Brasil foi dividido em capitanias hereditárias e foram distribuídas concessões entre os portugueses. A ocupação esteve associada a interesses econômicos relacionados ao tráfico de pessoas escravizadas no Atlântico Sul e ao avanço da Companhia de Jesus na colônia brasileira. As missões religiosas dos padres jesuítas foram instaladas no país para catequizar e converter os povos indígenas ao cristianismo. As missões também exploravam o trabalho indígena no cultivo da terra e no pastoreio, bem como os conhecimentos dos povos nativos relacionados à floresta, às ervas medicinais e aos temperos. Ervas e temperos eram mercadorias exportadas para a Europa, tendo parte dos lucros destinada para a manutenção das missões e parte para a Igreja em Roma.

É importante destacar que muitos povos indígenas resistiram à escravização e à catequização nas missões, como demonstram a Confederação dos Tamoios e a Guerra dos Bárbaros. A primeira começou em 1562, com uma unificação entre povos indígenas, que se articularam aos franceses numa guerra contra os portugueses que durou um ano. A Guerra dos Bárbaros durou 20 anos, a partir de 1682, e foi liderada pelos povos cariris, numa extensa área nordestina, entre os vales dos rios Açu (Piranhas) e Jaguaribe.

Historicamente, os povos indígenas organizaram-se e participaram em diversos espaços políticos, sociais e culturais, constituindo redes que extrapolaram as fronteiras coloniais. Eles se aliaram às lutas dos povos do campo e dos povos africanos escravizados, bem como a outros povos indígenas na América Latina.

Em relação à população escravizada no Brasil Colônia, Clóvis Moura (2020, p. 14) afirma que não há como ter um número exato da entrada de negros escravizados devido ao tráfico, que perdurou durante décadas, mesmo depois de sua proibição legal. No entanto, o autor aponta que a concentração de maior fluxo demográfico de negros vindos da África ocorreu na Região Nordeste do Brasil (MOURA, 1994, p. 9).

Convém destacar que, em conjunto com os povos africanos, os povos indígenas também constituíram os quilombos e as organizações de resistência ao sistema escravista. Beatriz do Nascimento (1994) e Kabengele Munanga (2001) nos remetem à origem do quilombo nas áreas banto da África e à organização de homens guerreiros em meados do século XVI. Concomitantemente, no Brasil colonial, o quilombo também surge no século XVI, e significou a luta de homens e mulheres africanos que fugiram do trabalho escravo e se organizaram em florestas, regiões de difícil acesso, reconstituindo coletivamente modos de vida em liberdade. O quilombo era um território de resistência, aberto a todos os segmentos oprimidos pela sociedade escravista.

Na mesma linha dessas informações, Clóvis Moura (1988) analisa a organização de luta dos escravizados nas margens do rio Paraíba e afirma que havia grupos indígenas junto aos quilombolas (MOURA, 1988, p. 107). Em seus estudos, o autor destaca o significado político do quilombo como unidade básica de resistência ao sistema escravista, em que todos aqueles que eram perseguidos e marginalizados pelo sistema colonial (indígenas, negros, mulheres e brancos pobres) se organizavam através da quilombagem (MOURA, 1994, p. 25).

Em diálogo com as ideias de Moura, Edison Carneiro (2001) também resgata esse caráter organizativo do quilombo e sua heterogeneidade étnica, citando como exemplo os mocambos dos Palmares.

Endossando essas informações sobre a constituição diversificada de povos na luta quilombola, especificamente sobre a relação entre os povos indígenas e os povos africanos, Moura (2019) aponta o quanto a história dominante se manteve alheia à resistência dos povos indígenas e dos povos africanos, fomentando uma imagem romantizada e isolada do índio como "bom selvagem" (MOURA, 2019, p. 51), em contraposição à ideia do quilombola como negro rebelde, insurreto e "anti-herói" (MOURA, 2020, p. 29). Para o autor, são correntes de pensamento que buscam ocultar o protagonismo político dos povos indígenas e africanos, que, através da luta unificada, constituíram movimentos capazes de aglutinar e articular múltiplas culturas e etnias.

Essas organizações influenciaram a abolição da escravatura no final do século XIX, instaurando a instabilidade e o pavor da sociedade escravista em relação a uma revolução de trabalhadores escravizados. A aristocracia escravista, por sua vez, também era movida pelos interesses econômicos de se adequar ao dinamismo mundial do capitalismo industrial. Com a abolição da escravatura e o início do processo de industrialização do país, a exploração dos modos de produção no campo se transfere para "as modernas" formas de trabalho nas fábricas.

Em seu *A revolução burguesa no Brasil*, Florestan Fernandes (2005) aponta os obstáculos impostos para a população pós-abolição. O autor afirma que, mediante o modelo racista de embranquecimento do povo brasileiro, idealizado pela classe burguesa e amparado por legislações e pelo poder público, a integração e a inclusão do negro na sociedade também constituíram um processo de luta. Ele observa que, nesse período, as organizações do movimento negro aconteciam principalmente nos bairros periféricos, afastados do centro urbano e mais próximos do meio rural.

Desse modo, a população não branca continuou à margem, vivendo em condição de extrema pobreza, sem acesso às políticas públicas básicas, em contraposição à ideologia do embranquecimento e do mito da democracia racial, que se perpetua no discurso neoliberal da meritocracia, em prol do "trabalho livre", da iniciativa individual, da competitividade e do liberalismo econômico como caminhos para o progresso.

Tais ideologias buscam desresponsabilizar o papel do Estado com as questões que assolam o país e ocasionam a exclusão social do negro, do camponês, da mulher e das minorias, transferindo essa responsabilidade para os excluídos ao apontá-los como os responsáveis por sua condição de marginalizados. De acordo com essas correntes, essa condição é uma opção ou uma escolha de uma situação social e de vida desses segmentos. Em relação à questão étnico-racial, portanto, o racismo vem se legitimando como um mecanismo ideológico opressor, que conta com um aparato institucional do Estado e com políticas públicas para perpetuar suas relações de opressão e domínio.

A questão social e suas expressões na contemporaneidade, em que prevalece um cenário de desigualdade, exclusão, pobreza e miséria, são reflexos históricos de uma sociedade alicerçada na exploração e no extermínio da população indígena e africana durante séculos no Brasil. O enfrentamento dessa realidade de opressão precisa reconhecer que o combate ao racismo e ao etnicismo passa pela defesa do direito ao território, como meio de preservar os diversos povos originários e tradicionais, que têm a terra não apenas como fonte de sustento, mas também como lugar sagrado, de pertencimento e de organização da vida coletiva.

Desigualdades do acesso a terra, agronegócio e ofensiva sobre indígenas e quilombolas na atualidade

O estudo da posse, do uso e da divisão de terras no Brasil deve levar em consideração a lógica do pacto colonial e as características da lógica capitalista de produção no campo e no desenvolvimento das cidades no contexto contemporâneo.

A lógica da organização colonial impõe aos povos indígenas e negros mudanças que se estendem até o século XX, determinando as desigualdades sociais que afetam e atingem o direito ao acesso à terra no contexto contemporâneo. O governo Bolsonaro (2018--2022) impôs uma agenda neoliberal, evidenciando obstáculos para a garantia dos direitos humanos e territoriais de populações indígenas e quilombolas.

Para compreender esse contexto, é fundamental a reflexão acerca do processo histórico da realidade de acesso, uso e apropriação das terras brasileiras como resultado de uma condição colonial de longa exploração. É importante recordar as consequências nocivas do sistema colonial que, além de devastar física e culturalmente as populações originárias e negras, também garantiu a instituição das grandes propriedades privadas nas mãos de poucos (PRADO JÚNIOR, 2012). Referimo-nos à grande concentração de terras nas mãos de classes agrárias que exerceram seu violento poder de dominação e exploração dos trabalhadores do campo através de múltiplas formas de expropriação, como apresenta Prado Júnior (2012).

Depois do longo processo de concessões do sistema de sesmarias, em que a Coroa portuguesa atribuía o poder de exploração de determinadas extensões de terras a sesmeiros, podemos destacar um período marcante no século XIX, em que a Lei de Terras de 1850 passou a condicionar o acesso à terra exclusivamente por meio da compra. Nesse contexto, também se ampliou a grilagem, caracterizada pela falsificação em larga escala de documentações de posse de terra. A legitimação do latifúndio no Brasil é marcada por estratégias legais e políticas que favoreceram economicamente as classes dominantes no meio agrário até os dias atuais.

Com o avanço das formas capitalistas de exploração do campo brasileiro, a relação entre indígenas, lavradores e quilombolas vive constantes ameaças de expropriação e reprodução das formas de ruptura com seu principal meio de reprodução da vida: a terra (ARRUTI, 2017).

Os povos que viveram após massacres e adentraram os sertões e outras regiões de difícil acesso no país, durante o século XIX e início do século XX, formando quilombos e aldeias, continuam ameaçados com os avanços de formas de exploração capitalista no campo, com a capitalização e a mercantilização das águas e dos bens comuns dos ecossistemas.

Com o avanço da industrialização e da modernização conservadora no país para ampliação do modelo econômico agroexportador[1] e com a ampliação das fronteiras agrícolas, aumentam exponencialmente os casos de expulsão de populações ribeirinhas, tradicionais, quilombolas e pesqueiras pela ação predatória do grande capital nas investidas dos grandes empreendimentos (hidrelétricas, barragens, exploração de minérios e de madeira, entre tantos outros).

Os processos constantes de expulsão de indígenas e de negros quilombolas os levam a compor, em regiões predominantemente urbanas, a massa de trabalhadores espoliados e em condições de extrema precariedade, tanto nas pequenas como nas grandes cidades, em situações de pobreza, com seus direitos fundamentais violados pela insegurança alimentar e pela insegurança de renda.

Com o avanço do capitalismo no campo, a terra cumpre a função de mercadoria ("terra de negócio", nos termos de José de Souza Martins[2]). Na base dos conflitos de terra no Brasil está o interesse capitalista da burguesia agrária pela exploração da grande riqueza natural existente nas terras ainda ocupadas por comunidades indígenas e povos quilombolas, atingindo os limites da força política e econômica das diferentes modalidades de trabalhadores do campo.

O relatório *Conflitos no campo: Brasil 2015*, da Comissão Pastoral da Terra (CPT), sobre os casos de violência no campo, observa que a mineração, as hidrelétricas e as madeireiras se expandem, exigindo do poder público a construção de linhões, portos, o asfaltamento e a abertura de estradas e de hidrovias e, consequentemente, ocorre a

---

1. "Modelo baseado em atividades econômicas básicas internas, produção de monocultura baseada em larga extensão de terra e trabalho escravo, com finalidades exclusivas para o mercado agroexportador. A saber, o fornecimento em larga escala de produtos primários aos mercados europeus" (PRADO JÚNIOR, 2014, p. 325).

2. De acordo com José de Souza Martins, o entendimento da questão indígena exige a apreensão da história da terra e do conjunto de relações sociais e políticas presentes na luta pela terra, que envolve, por exemplo, a descaracterização da identidade tribal pelo avanço do capital no campo (cf. MARTINS, 1991, p. 134-137).

valorização capitalista da terra como negócio lucrativo, que leva ao aumento e ao acirramento dos conflitos e, sobretudo, ao crescimento da concentração da propriedade latifundiária (CPT, 2016, p. 10).

O incessante interesse do grande capital continua a ameaçar as vidas dos povos das florestas, ribeirinhos, pesqueiros, quilombolas e indígenas que vivem uma relação não mercadológica com a terra-natureza. A acumulação e a renovação das formas de exploração do capital requerem processos ampliados de expropriação. Essa lógica de exploração capitalista usa a violência física, patrimonial e institucional para garantir a apropriação injusta e desigual da terra, atacando a resistência dos trabalhadores e lideranças organizadas do campo (SILVA, 2020).

O agronegócio traz impactos negativos para o modo de vida das populações indígenas e quilombolas em diversos contextos e regiões do Brasil. A tendência é a prática do desmatamento para a monocultura, a aplicação de veneno, que ataca a saúde das populações tradicionais nas proximidades dos campos de monocultivo, bem como a transformação gradativa e abrupta do modo de vida dos povos e das gerações futuras (cf. SAX; ANGELO, 2020).

Como evidenciam os resultados do Projeto Nova Cartografia Social da Amazônia (PNCSA, 2014), os crimes praticados pela expansão do agronegócio sobre territórios indígenas e quilombolas incluem exploração, ameaça de morte, envenenamento das águas, expropriação das terras, morte dos animais e destruição dos ecossistemas locais (cf. UFJF, 2021; BARBOSA, 2021). O agronegócio provoca transformações ambientais e impactos danosos nos ecossistemas, expulsando indígenas, quilombolas e povos tradicionais do acesso direto às riquezas do ecossistema de seus territórios.

Os processos de expropriação que atingem populações indígenas e quilombolas carregam peculiaridades da lógica do capital, com a capitalização dos bens naturais do modelo agroexportador do Brasil contemporâneo[3], exacerbado pela força do poder político governamental de bancadas legislativas com perfil anti-indígena e racista.

Desafios políticos na efetivação do direito constitucional de demarcação dos territórios indígenas e quilombolas

O contexto histórico de genocídio e perseguição contra povos e comunidades indígenas e quilombolas na formação da sociedade brasileira perdura na contemporaneidade e tem ameaçado as condições de vida não apenas desses grupos étnicos, mas também da humanidade como um todo. O avanço global do capitalismo tem agravado as múltiplas expressões da questão social, endossando a exclusão social de jovens, crianças e mulheres de raças e classes sociais historicamente exploradas.

A Constituição Federal de 1988 é considerada o marco de conquista dos direitos voltados aos povos indígenas e quilombolas no Brasil. Em relação aos povos indígenas, fica assegurado:

> Art. 231 — São reconhecidos aos índios sua organização social, costumes, línguas, crenças e tradições, e os direitos originários sobre as terras que tradicionalmente ocupam, competindo à União demarcá-las, proteger e fazer respeitar todos os seus bens.
> 1. São terras tradicionalmente ocupadas pelos índios as por eles habitadas em caráter permanente, as utilizadas para suas atividades produtivas, as imprescindíveis à preservação dos recursos ambientais necessários a seu bem-estar e as necessárias a sua reprodução física e cultural, segundo seus usos, costumes e tradições.

---

3. Em uma década (2011 a 2020), houve um aumento de 92% dos conflitos envolvendo terras no Brasil; de 2019 para 2020, sob o governo Bolsonaro, o aumento foi de 25%; o número de conflitos de 2020 é o maior desde 1985; do total de famílias afetadas por eles (171.625), 56% são famílias indígenas (96.931) (cf. CPT, 2022, p. 15).

2. As terras tradicionalmente ocupadas pelos índios destinam-se a sua posse permanente, cabendo-lhes o usufruto exclusivo das riquezas do solo, dos rios, dos lagos nelas existentes. (BRASIL, 1988)

Em relação às comunidades quilombolas, o art. 68 da Constituição de 1988 estabelece que: "Aos remanescentes das comunidades dos quilombos que estejam ocupando suas terras, é reconhecida a propriedade definitiva, devendo o Estado emitir-lhes os títulos específicos" (BRASIL, 1988).

O descompasso entre o que é garantido como direito e o que é efetivado é a constância da política indigenista de viés integracionista e racista em nossos dias. Várias estratégias permitiram a apropriação dos territórios indígenas e quilombolas. O direito dos povos indígenas sobre seus territórios é reconhecido como originário, ou seja, anterior ao próprio Estado.

O *Dossiê internacional de denúncias dos povos indígenas do Brasil*, publicado em 2021 pela Articulação de Povos Indígenas do Brasil (Apib), registra as graves violências e ameaças que pairam sobre as vidas, os corpos e os territórios dos povos indígenas no país nessa conjuntura. O documento reúne informações relevantes que evidenciam um projeto racista e anti-indígena que ganha força na história do Brasil a partir do Golpe de 2016. Destaca os discursos de ódio e racistas proferidos pelo presidente Bolsonaro.

De acordo com o documento, há investidas de setores, com o Poder Legislativo atuando em favor do avanço do agronegócio sobre os direitos dos povos indígenas e quilombolas, defendendo os interesses ruralistas e contribuindo com o avanço de situações de violações contra povos tradicionais e com a omissão do Poder Executivo[4]. O documento destaca:

---

4. Sobre a análise da atuação da Bancada Ruralista contra povos indígenas, consultar Silva (2017). Segue exemplo do avanço do conservadorismo no Poder Legislativo: Projeto de Decreto Legislativo

[...] aumento das invasões e conflitos em nossos territórios promovidos por grandes corporações e indivíduos interessados em explorar as Terras Indígenas para mineração, agropecuária ou outros interesses, trazendo mais violência e morte a nossos povos. (APIB, 2021a, p. 15)

No mesmo documento constam as:

[...] principais violações e ameaças aos direitos dos Povos Indígenas no Brasil (2020-2021) [...] (i) Ameaças Institucionais: o avanço da agenda anti-indígena nas entranhas do Estado Brasileiro; e (ii) Ameaças socioambientais: vidas e territórios indígenas na mira do poder econômico (APIB, 2021a, p. 15).

Entre as ameaças institucionais em curso está o desmonte das políticas indigenistas, como o caso da Fundação Nacional dos Povos Indígenas (Funai), órgão do Estado brasileiro responsável pela proteção e promoção dos direitos dos povos indígenas, que vive o ataque referente ao cumprimento de etapas da demarcação de terras e mudanças estruturais nas dimensões técnicas e financeiras, além de interferências políticas.

Em 2003, o Decreto Federal n. 4.887 trouxe direcionamentos para a política de regulamentação dos procedimentos para identificação, reconhecimento, delimitação, demarcação e titulação dos territórios quilombolas. Nele, o Instituto Nacional de Colonização e Reforma Agrária (Incra) é indicado como órgão responsável e de competência na esfera federal e comum, com os respectivos órgãos de terras estaduais e municipais.

A política aponta que a abertura do processo de identificação deverá ser encaminhada pela própria comunidade, com o suporte de

---

n. 177/2021, de autoria do deputado federal Alceu Moreira (MDB/RS), que busca autorizar o abandono do Estado à Convenção 169 da Organização Internacional do Trabalho sobre Povos Indígenas e Tribais.

estudos técnicos e científicos, bem como de relatórios antropológicos na constituição da caracterização espacial, econômica, ambiental e sociocultural da terra ocupada pela comunidade. No entanto, um dos desafios que se apresentam para o cumprimento de todas as etapas da regularização dos territórios passa justamente pela definição identitária dos sujeitos de direito, que durante séculos tiveram que resistir ao apagamento de suas memórias e origens históricas (NÉSPOLI, 2013).

Na atual conjuntura, o Incra sofre um desmonte como órgão público, ocasionando retrocessos marcantes na efetivação de direitos dos povos camponeses e tradicionais, que impactam os processos de certificação de reconhecimento das terras quilombolas. Nesse contexto, os dados estatísticos apontados pelo órgão são imprecisos e não evidenciam o cenário de luta no processo de regularização desses territórios.

Segundo dados da Coordenação Nacional de Articulação das Comunidades Negras Rurais Quilombolas (CONAQ), em 2017 havia no Brasil cerca de 6 mil comunidades quilombolas, 3.386 das quais reconhecidas pela Fundação Cultural Palmares, e 181 territórios titularizados: 139 por governos estaduais, 39 pelo governo federal e 3 por governos estaduais e federais (DEALDINA, 2020, p. 28).

Há um cenário de desresponsabilização do Estado com as condições de vida das comunidades submetidas a uma realidade de extrema pobreza e desassistência das políticas públicas básicas. O racismo institucional gera uma morosidade no andamento dos processos de reconhecimento, e os conflitos nesses territórios têm se agravado nos últimos anos[5].

---

5. Embora a legislação atual seja favorável ao reconhecimento dos direitos territoriais quilombolas, é flagrante o seu descumprimento. Um conjunto de interesses em favor da concentração da terra na mão de poucos (proteção de latifúndios, expansão do agronegócio e de projetos

O que está posto nesse modelo de sociedade excludente e racista são espaços institucionais e mecanismos de políticas públicas que endossam uma lógica de extermínio do povo negro, camponês, de trabalhadores sem acesso à terra, quilombolas e indígenas. Seus modos de vida e sua organização social e territorial vêm sendo historicamente ameaçados pelo modelo de produção e exploração dos recursos naturais impostos pela lógica capitalista. Diversas comunidades têm sido invadidas e destruídas, com exploração ilegal da terra por interesses de empresas internacionais, mineradoras, petroleiras e agroindústrias (cf. RAQUEL, 2021; PAIXÃO, 2021; SOARES, 2019).

Perpetua-se, assim, um cenário de exploração dos recursos naturais e de extermínio de povos, na defesa de interesses que imperam na lógica da extorsão, apropriação, abuso e lucro. O avanço do capitalismo anuncia a barbárie, expressa numa conjuntura de guerras entre povos, nações, países e grupos étnicos, e, consequentemente, representa um retrocesso na conquista dos direitos sociais e humanos.

Nesse sentido, a resistência a esse projeto capitalista de desigualdade social e de destruição da natureza não se limita a uma questão isolada dos interesses das minorias, dos povos tradicionais, quilombolas e indígenas, mas constitui uma luta de sobrevivência da humanidade como um todo.

---

de desenvolvimento), aliado a políticos profissionais corruptos, tem impedido a demarcação de territórios. Ao longo dos anos, os territórios quilombolas vêm resistindo a um quadro de total abandono no que diz respeito a políticas públicas, sem acesso a saneamento básico, direito de moradia adequada, políticas de educação escolar quilombola ou saúde. Agravam essa situação os permanentes conflitos em defesa dos territórios, o que tem submetido a população quilombola à violência psicológica, moral e física, como a iminência de despejos ou remoções forçadas, as práticas de racismo ambiental, restrições ao direito de ir e vir, ameaças à vida e assassinatos, só para citar alguns exemplos (cf. DEALDINA, 2020, p. 27).

Políticas públicas, indígenas e quilombolas e compromisso ético-político do Serviço Social

Após séculos de resistência, os povos indígenas e quilombolas existem e resistem nas aldeias, nos quilombos, em quilombos urbanos na cidade, em assentamentos e agrupamentos rurais e urbanos. Os diferentes agrupamentos e comunidades exercem diversas funções para as relações e a organização social dessas populações, representando o espaço coletivo de afirmação da identidade, da cultura e da solidariedade intergeracional, com experiências de engajamento em movimentos classistas.

Atualmente há no Brasil quilombos indígenas e urbanos, além da presença indígena e negra de origem quilombola agrupada e/ou dispersa nas cidades, em terras indígenas, retomadas de territórios[6] em processos de luta por reconhecimento da autodemarcação, em processos de afirmação e de construção de novos territórios também considerados de povos tradicionais pela legislação.

A Política Nacional de Desenvolvimento Sustentável dos Povos e Comunidades Tradicionais, instituída pelo Decreto n. 6.040, de 7 de fevereiro de 2007, define, no art. 3º, I, para os fins do Decreto e do seu Anexo, o conceito de povos e comunidades tradicionais como:

> Grupos culturalmente diferenciados e que se reconhecem como tais, que possuem formas próprias de organização social, que ocupam e usam territórios e recursos naturais como condição para sua reprodução cultural, social, religiosa, ancestral e econômica, utilizando conhecimentos, inovações e práticas gerados e transmitidos pela tradição. (BRASIL, 2007)

---

6. Importante ressaltar que o conceito de "territórios indígenas" é diferente do de "terra indígena". O território é um espaço cultural e geográfico habitado por um grupo social com lógica interna de organização social (OLIVEIRA, 1993, p. 10). Terra indígena é a condição jurídica de um território já demarcado, homologado e oficialmente reconhecido pelo Estado brasileiro.

Os princípios da Política Nacional de Desenvolvimento Sustentável dos Povos e Comunidades Tradicionais referem-se aos povos indígenas e quilombolas, demandando diversas políticas públicas, a realização de ações e atividades que atendam aos objetivos de garantia dos direitos dos povos, considerando a orientação de atuação intersetorial, integrada, coordenada e sistemática no âmbito da política pública.

De acordo com os dados antecipados na edição especial do Instituto Brasileiro de Geografia e Estatística (IBGE), lançada em 2020 em virtude do enfrentamento da covid-19, as localidades[7] indígenas estão distribuídas em 827 municípios brasileiros.

> Do total de localidades, 632 são terras indígenas oficialmente delimitadas. O restante constitui 5.494 agrupamentos indígenas, sendo 4.648 dentro de terras indígenas e 846 fora desses territórios. As demais 977 são denominadas outras localidades indígenas, aquelas onde há presença desses povos, mas a uma distância mínima de 50 metros entre os domicílios. O IBGE considera localidade todo lugar do território nacional onde exista um aglomerado permanente de habitantes. Já os agrupamentos são o conjunto de 15 ou mais indivíduos em uma ou mais moradias contíguas (até 50 metros de distância) e que estabelecem vínculos familiares ou comunitários. (IBGE, 2020)

Desde o "Censo 2010 até as estimativas de 2019, o número de localidades indígenas deu um salto de 1.856 para 7.103" (IBGE, 2020). Esse fato representa a identificação e o reconhecimento da

---

7. Os termos *localidades* e *agrupamentos* demonstram a diversidade, compreendendo múltiplos territórios da presença indígena no Brasil. É importante considerar a história dos movimentos migratórios que promovem a construção de múltiplos territórios étnicos no país, além das terras demarcadas, homologadas. De acordo com os dados oficiais da Funai, em 2019 havia no país 479 terras indígenas regularizadas (39 reservas indígenas e 440 terras indígenas tradicionalmente ocupadas), representando 12,2% do território nacional, localizadas em todos os biomas, com concentração na Amazônia Legal. As terras indígenas regularizadas no Brasil estão distribuídas da seguinte forma: 10% na Região Sul, 6% na Região Sudeste, 54% na Região Norte, 11% na Região Nordeste e 19% na Região Centro-Oeste do país. Segundo o Instituto Socioambiental, há no Brasil 723 terras em fases do procedimento demarcatório.

existência de números muito maiores da presença indígena em diversas localidades do Brasil.

No Brasil, a Região Norte possui o "[...] maior número de localidades indígenas, 4.504, reunindo 63,4% do total. Em seguida vem o Nordeste, com 1.211, o Centro-Oeste com 713, o Sudeste com 374, e o Sul, com 301 localidades indígenas" (IBGE, 2020).

De acordo com o Censo de 2010 (IBGE, 2010), o número de comunidades quilombolas no Brasil era de 3.045, com maior número concentrado na Região Nordeste, com 63,05%, seguido, respectivamente, pelas regiões Norte (11,69%), Oeste (4,70%), Sudeste (14,71%) e Sul (5,85%) do país (cf. MURER; FUTADA, s.d.).

Os dados do IBGE referentes às localidades quilombolas identificam:

> [...] do total de localidades, 404 são territórios oficialmente reconhecidos, 2.308 são denominados agrupamentos quilombolas e o restante, 3.260, identificados como outras localidades quilombolas. Entre os agrupamentos, 709 estão localizados dentro dos territórios quilombolas oficialmente delimitados e 1.599 fora dessas terras. (IBGE, 2020)

É importante salientar que o processo de titulação e demarcação dos territórios quilombolas inclui as seguintes etapas: identificação, reconhecimento, delimitação, demarcação e, finalmente, titulação. A identificação é realizada pela autoatribuição da identidade quilombola, ou seja, o que inicia a abertura do processo é a manifestação espontânea e coletiva de um grupo que afirma possuir uma identificação cultural própria, que, segundo a política, formou-se por meio de um processo histórico que começou nos tempos da escravidão no Brasil. Isso significa que o número de comunidades identificadas e reconhecidas não corresponde ao número de territórios quilombolas demarcados e titulados. A titulação é o que garante efetivamente o direito de posse da terra.

Observa-se que o Nordeste é a região que possui o maior número de localidades quilombolas: são 3.171, pouco mais da metade do total. Em seguida, vem o Sudeste, com 1.359 quilombos. O restante está dividido nas regiões Norte (873), Sul (319) e Centro-Oeste (250) (IBGE, 2020).

Considerando a trajetória de aproximação entre o Serviço Social e as lutas sociais em defesa dos direitos humanos e direitos sociais das populações expropriadas, o contexto exige da profissão a aproximação e a construção de conhecimento sobre as demandas das populações indígenas e quilombolas.

A condição de existência dos povos indígenas e quilombolas é marcada por empobrecimento, violência, exploração predatória da vida, dos corpos e dos territórios. São situações que requerem enfrentamentos da força coletiva organizada dos povos indígenas e coletivos defensores, numa luta pela superação da raiz das desigualdades que está estruturada na lógica da exploração capitalista, em que a terra é mercadoria e as relações são determinadas pela exploração do trabalho.

São populações que exigem a atuação da profissão em diferentes contextos de elaboração e operacionalização e gestão de serviços, programas e projetos de políticas sociais nos espaços sócio-ocupacionais. A nossa presença étnica não pode ser invisível para a sociedade. É fundamental que o Serviço Social esteja atento a essa presença, à tarefa investigativa, teórico-metodológica e técnico-operativa voltada à realidade dos povos, e atue com respostas orientadas pelos princípios éticos que constituem o nosso Código de Ética, como: "opção por um projeto profissional vinculado ao processo de construção de uma nova ordem societária, sem dominação, exploração de classe, etnia e gênero"; "empenho na eliminação de todas as formas de preconceito, incentivando o respeito à diversidade, à participação de grupos socialmente discriminados e à discussão das diferenças".

A direção política do atual contexto nacional é de regressão nas políticas públicas voltadas aos povos do campo, violência e investidas que exacerbam o desrespeito e o racismo contra os povos e as comunidades tradicionais. É um contexto de ataques aos direitos conquistados, de estratégias e discursos destinados à ampliação da exploração de terras, aos ataques aos direitos de participação dos povos nas decisões referentes a eles; um contexto de omissão e de negligência do Estado diante dos direitos básicos dessas populações. É um verdadeiro "projeto de morte", como denunciou o acampamento indígena "Luta pela Vida", em que mais de 6 mil indígenas de 176 povos de todas as regiões do país marcharam pela Esplanada dos Ministérios, em Brasília, em agosto de 2021 (cf. APIB, 2021b).

Nos serviços da política de assistência social e saúde, destacamos, com base na experiência e no estudo do trabalho na gestão dessa área, que é fundamental um plano de trabalho de vigilância socioassistencial e epidemiológica que garanta a elaboração de diagnósticos participativos, bem como o levantamento de informações das condições das famílias indígenas e quilombolas. É imprescindível identificar, sistematizar e planejar respostas específicas e adequadas a essa população no trabalho de atendimento e acompanhamento de famílias, sem perder de vista as múltiplas identidades étnicas de povos e comunidades tradicionais, assim como o direito à autoidentificação e autodeterminação. Também é essencial que a temática e as demandas possam comparecer nos planos de educação permanente em assistência, educação, saúde e previdência.

As famílias indígenas e quilombolas demandam serviços especializados para proteção, acolhida, acompanhamento e orientação, principalmente aquelas que vivem em contextos de conflito, não reconhecimento oficial, em situações de múltiplas violações. A oferta sistemática e contínua de atividades em serviços de atendimento e acompanhamento requer um processo de planejamento com os indígenas, que ainda se encontram invisíveis para as políticas públicas.

A gestão nas três instâncias dos entes federativos deve desenvolver ações básicas de formação e apoio técnico aos profissionais que atuam na execução dos serviços. Ainda persistem situações de completa falta de conhecimento entre diversas categorias profissionais, visões estereotipadas, românticas ou mesmo preconceituosas, distantes da realidade contemporânea. Ainda convivemos com situações que dificultam o acesso das organizações indígenas ao processo de planejamento e definição dos serviços.

O Serviço Social é uma profissão com uma grande história de luta e engajamento, de compromisso com os movimentos sociais, com trabalhadores, grupos identitários historicamente oprimidos e explorados. Detém amplo acervo de conhecimento das transformações societárias, da luta por políticas sociais, direitos e justiça social. Portanto, deve-se objetivar pelo rompimento com o conservadorismo e conseguir reafirmar o projeto ético-político-profissional em consonância com as reivindicações dos excluídos socialmente.

É importante avançar nos processos investigativos, no processo de formação e nos interventivos baseados nos princípios éticos da profissão, no debate e no ensino da questão étnico-racial como estudo fundamental para o conhecimento da questão agrária, da questão social no Brasil. O debate da questão indígena e quilombola deve ser estimulado no campo da pesquisa e extensão, nas discussões sobre direito à terra, ao território, à diferença, à identidade, à cultura, à crença, aos costumes e às tradições no contexto contemporâneo das transformações societárias, de ordem política e econômica, na dinâmica de ofensiva do capital e seus impactos para a vida dessas populações.

Iniciativas no âmbito acadêmico, como o trabalho dos núcleos de pesquisa, grupos de estudos, projetos de extensão, apoio às políticas afirmativas que possam ampliar a presença de indígenas e quilombolas no processo de formação profissional e constituição de novos quadros de pesquisadores indígenas e quilombolas na pós-graduação em Serviço Social, são passos importantes.

O estudo, o conhecimento e o planejamento participativo com a presença de lideranças, representantes dos povos e das comunidades tradicionais, coletivos e organizações indígenas são primordiais para a definição de políticas públicas que atendam às demandas reais de nossos povos, em sua particularidade e pluralidade.

O que está posto como desafio para o Serviço Social é sobretudo romper com o olhar estigmatizado para povos originários e tradicionais, reconhecer o protagonismo desses povos na conquista dos seus próprios direitos, desmistificando o olhar preconceituoso que coloca essa população como resquício do passado, aquilo que restou e sobrou, e reafirmar o direito legítimo de povos que permanecem em seus territórios, e que nos processos de luta resistem e existem.

Considerações finais

Perspectiva histórica também é um posicionamento político, em que o poder da narrativa acaba definindo o protagonismo dos sujeitos históricos no processo de construção das relações e da vida em sociedade. Portanto, adotar uma perspectiva é defender uma posição, uma classe, um determinado ponto de vista. Por isso, apresentamos neste texto uma análise sobre a formação da sociedade brasileira e suas contradições sociais expressas na resistência dos povos indígenas e africanos ao sistema escravista e também ao avanço do capitalismo moderno. Evidenciamos que a unificação de suas lutas foi e ainda é estratégia para a preservação de suas memórias e suas trajetórias, que formam identidades étnicas plurais e de consciência política.

A partir das reflexões apresentadas, surgem demandas que apontam para a importância do Serviço Social no envolvimento com essas questões, inclusive uma relacionada à própria atuação, questionando qual seria a conduta adotada pelo profissional para que ele consiga compreender de forma crítica essas contradições presentes no processo político de identificação, reconhecimento e demarcação de territórios indígenas e quilombolas.

É fundamental o estímulo, no espaço acadêmico, à inserção e apoio aos espaços de debates, formação e pesquisas sobre o respeito às formas peculiares de produção e reprodução social da vida nos territórios das comunidades, o espaço coletivo da vida, acesso aos bens comuns, a vivência das tradições, relação de ancestralidade nos espaços de sociabilidade, como os ritualísticos, de cada povo que alimenta, que cuida, que cura, que dá energia e força para o enfrentamento e a resistência social.

A defesa da educação básica para crianças, jovens e adolescentes nos próprios territórios indígenas e quilombolas também é direito importante para a permanência desses povos em suas comunidades. Reconhecendo que o conhecimento e os saberes são construídos no diálogo com a realidade e o cotidiano, portanto, a preservação dessas culturas e modos de vida se faz nesse espaço de organização coletiva.

Sobretudo, faz-se necessário combater o avanço do neoliberalismo da extrema-direita, que tem desmontado a democracia brasileira, incentivando o fascismo, o racismo e o genocídio das populações negra, indígena e camponesa. É preciso fortalecer as pautas de luta dos movimentos sociais que representam os povos do campo e a classe trabalhadora, sejam eles organizações sindicais, conselhos populares, associações que atendam às demandas cotidianas dos povos indígenas e quilombolas etc. A unidade da luta é apontada historicamente como uma estratégia capaz de enfrentar o sistema de opressão, intolerância e violência que fundamenta a sociedade capitalista.

Referências

ARRUTI, José Maurício. A situação no Nordeste. *Povos Indígenas no Brasil*, 2017. Disponível em: https://pib.socioambiental.org/pt/Etnog%C3%AAneses_ind%C3%ADgenas.. Acesso em: 27 fev. 2017.

ARTICULAÇÃO DOS POVOS INDÍGENAS DO BRASIL (APIB). *Dossiê internacional de denúncias dos povos indígenas do Brasil 2021*. Brasília: APIB, 2021a.

ARTICULAÇÃO DOS POVOS INDÍGENAS DO BRASIL (APIB). *Luta pela vida*: a maior mobilização indígena da história. Brasília, 22-28 ago. 2021b. Disponível em: https://apiboficial.org/luta-pela-vida/. Acesso em: 10 jan. 2024.

BARBOSA, Catarina. Quilombolas lutam pela terra contra gigante do agronegócio e pedem o fim da violência no Pará. *Brasil de Fato*, 7 jul. 2021. Disponível em: https://www.brasildefato.com.br/2021/07/07/quilombolas-lutam-pela-terra-contra-gigante-do-agronegocio-e-pedem-o-fim-da-violencia-no-para. Acesso em: 10 jan. 2024.

BRASIL. *Constituição da República Federativa do Brasil de 1988*. Brasília: Senado Federal, 1988.

BRASIL. Decreto n. 6.040, de 7 de fevereiro de 2007. Institui a Política Nacional de Desenvolvimento Sustentável dos Povos e Comunidades Tradicionais. *Diário Oficial da União*, Brasília, 8 fev. 2007.

CARNEIRO, Edison. Singularidades dos quilombos. *In*: MOURA, Clóvis (org.). *Os quilombos na dinâmica social do Brasil*. Maceió: Edufal, 2001.

COMISSÃO PASTORAL DA TERRA (CPT). *Conflitos no campo*: Brasil 2015. São Paulo: Expressão Popular, 2016.

COMISSÃO PASTORAL DA TERRA (CPT). *Conflitos no campo*: Brasil 2021. São Paulo: Centro de Documentação Dom Tomás Balduíno, 2022.

COORDENAÇÃO NACIONAL DE ARTICULAÇÃO DAS COMUNIDADES NEGRAS RURAIS QUILOMBOLAS (CONAQ). *Racismo e violência contra quilombolas no Brasil*. Brasília: Coordenação Nacional de Articulação das Comunidades Negras Rurais Quilombola (Conaq)/Terras de Direitos, 2017.

DEALDINA, Selma dos Santos (org.). *Mulheres quilombolas*: territórios de existências negras femininas. São Paulo: Sueli Carneiro/Jandaíra, 2020.

FERNANDES, Florestan. *A revolução burguesa no Brasil*. Rio de Janeiro: Zahar, 2005.

IANNI, Octavio. *Escravidão e racismo*. São Paulo: Hucitec, 1978.

INSTITUTO BRASILEIRO DE GEOGRAFIA E ESTATÍSTICA (IBGE). *Censo Demográfico 2010*: Pesquisa Nacional por Amostra de Domicílios. Rio de Janeiro: IBGE, 2010.

INSTITUTO BRASILEIRO DE GEOGRAFIA E ESTATÍSTICA (IBGE). *Informações em consolidação para o Censo Demográfico 2020*. Rio de Janeiro: IBGE, 2020.

MARTINS, José de Souza. *Expropriação e violência*: a questão política no campo. São Paulo: Hucitec, 1991.

MORISSAWA, Mitsue. *A história da luta pela terra e o MST*. São Paulo: Expressão Popular, 2001.

MOURA, Clóvis. *Rebeliões da senzala*. 4. ed. Porto Alegre: Mercado Aberto, 1988.

MOURA, Clóvis. *História do negro brasileiro*. São Paulo: Ática, 1994.

MOURA, Clóvis. *Sociologia do negro brasileiro*. 2. ed. São Paulo: Perspectiva, 2019.

MOURA, Clóvis. *Quilombos*: resistência ao escravismo. São Paulo: Expressão Popular, 2020.

MUNANGA, Kabengele. Origem e histórico dos quilombos em África. In: MOURA, Clóvis (org.). *Os quilombos na dinâmica social do Brasil*. Maceió: Edufal, 2001.

MURER, Beatriz Moraes; FUTADA, Silvia de Melo. Sistema de Unidades de Conservação (SNUC). *Unidades de Conservação do Brasil*. Disponível em: https://uc.socioambiental.org/territ%C3%B3rios-de-ocupa%C3%A7%C3%A3o-tradicional/territ%C3%B3rios-remanescentes-de-quilombos. Acesso em: 10 jan. 2024.

NASCIMENTO, Beatriz. O conceito de quilombo e a resistência afro-brasileira. *In*: NASCIMENTO, Elisa Larkin (org.). *Sankofa*: resgate da cultura afro-brasileira. Rio de Janeiro: Seafro/Governo do Estado, 1994. v. 1.

NÉSPOLI, Daniella de Souza Santos. *Raízes e sombras*: luta e resistência na formação da identidade quilombola. 2013. Dissertação (Mestrado) — Faculdade de Ciências Humanas e Sociais, Universidade Estadual Paulista Júlio de Mesquita Filho, 2013. Disponível em: http://hdl.handle.net/11449/98612. Acesso em: 10 jun. 2022.

OBSERVATÓRIO INDIGENISTA. *Agenda legislativa prioritária de Bolsonaro comprova genocídio*, 12 fev. 2022. Disponível em: https://www.youtube.com/watch?v=sxbuzu2JcUY. Acesso em: 20 jan. 2024.

OLIVEIRA, João Pacheco. "A viagem da volta": reelaboração cultural e horizonte político dos povos indígenas no Nordeste. *In*: LEITE, Jurandyr Carvalho Ferrari (coord.). *Atlas das terras indígenas no Nordeste*. Rio de Janeiro: Projeto Estudo sobre Terras Indígenas no Brasil (PETI)/Museu Nacional/UFRJ, 1993.

PAIXÃO, Evilene. Duas crianças yanomami são mortas após serem sugadas por draga do garimpo ilegal. *Instituto Socioambiental*, 14 out. 2021. Disponível em: https://site-antigo.socioambiental.org/pt-br/noticias-socioambientais/duas-criancas-yanomami-sao-mortas-apos-serem-sugadas-por-draga-do-garimpo-ilegal. Acesso em: 10 jan. 2024.

PRADO JÚNIOR, Caio. *História econômica do Brasil*. São Paulo: Brasiliense, 2012.

PRADO JÚNIOR, Caio. *A revolução brasileira*: a questão agrária no Brasil. São Paulo: Companhia das Letras, 2014.

PROJETO NOVA CARTOGRAFIA SOCIAL DA AMAZÔNIA (PNCSA). Defesa dos territórios tradicionais. *Boletim Informativo*, n. 5, jul. 2014. Disponível em: http://novacartografiasocial.com.br/boletins/projeto-mapeamento-social-como-instrumento-de-gestao-territorial-contra-o-desmatamento-e-devastacao/. Acesso em: 2 jan. 2023.

RAQUEL, Martha. Garimpo mata sete indígenas em seis meses em Roraima; quatro eram crianças. *Brasil de Fato*, 11 nov. 2021. Disponível em: https://www.brasildefato.com.br/2021/11/11/garimpo-mata-sete-indigenas-em-seis-meses-em-roraima-quatro-eram-criancas. Acesso em:10 jan. 2024.

REIS, João José; GOMES, Flávio dos Santos. *Liberdade por um fio*: história dos quilombos no Brasil. São Paulo: Companhia das Letras, 1996.

SAX, Sarah; ANGELO, Maurício. "Somos invisíveis": quilombolas do Cerrado lutam contra o avanço do agronegócio. *Mongabay*, 13 maio 2020. Disponível em: https://brasil.mongabay.com/2020/05/somos-invisiveis-quilombolas-do-cerrado-lutam-contra-o-avanco-do-agronegocio. Acesso em: 2 jan. 2024.

SILVA, Elizângela Cardoso de Araújo. Conservadorismo, bancada ruralista e indígenas. *Temporalis*, Brasília, ano 17, n. 34, jul./dez. 2017.

SILVA, Elizângela Cardoso de Araújo. *Indígenas Pankararu no sertão de Pernambuco*: vida, deslocamentos e trabalho. 2020. Tese (Doutorado) — Universidade Federal de Pernambuco, 2020.

SOARES, João. Invasão de terras indígenas dispara sob governo Bolsonaro. *UOL Notícias*, 25 set. 2019. Disponível em: https://noticias.uol.com.br/ultimas-noticias/deutschewelle/2019/09/25/invasao-de-terras-indigenas-dispara-sob-governo-bolsonaro.htm?cmpid=copiaecola. Acesso em: 10 jan. 2024.

UFJF. Despejo e violência contra indígenas e quilombolas durante a pandemia. *UFJF Notícias*, 23 jul. 2021. Disponível em: https://www2.ufjf.br/noticias/2021/07/23/despejo-e-violencia-contra-indigenas-e-quilombolas-durante-a-pandemia/. Acesso em: 10 jan. 2024.

VAINFAS, Ronaldo. *A heresia dos índios*: catolicismo e rebeldia no Brasil colonial. São Paulo: Companhia das Letras, 1996.

6
A atuação profissional em processos pós-crimes socioambientais na mineração:
considerações a partir do Serviço Social

Nailsa Maria Souza Araújo
Kathiuça Bertollo

Introdução

Os minérios estão entre as matérias-primas essenciais à produção de bens necessários à vida humana. Este fato palpável é prova de que a humanidade, desde tempos muitíssimo remotos, sempre minerou e, com o desenvolvimento das forças produtivas sociais do trabalho, continuará a minerar.

A afirmação anterior expõe uma realidade e uma necessidade, mas, se tomada isoladamente, não é mais que expressão da *aparência* de um fenômeno da sociabilidade, já que não revela elementos de totalidade constitutivos da historicidade das relações sociais de produção e reprodução construídas ao largo do desenvolvimento da vida do ser social. Significa que, se desde sempre a humanidade minerou, há de considerar as diferenças abissais advindas da incorporação desta atividade, seja em modos de produção distintos, seja nas inúmeras formações sócio-históricas. Afirma-se que:

> [....] a escala e dimensão da exploração mineral torna-se um grave problema (social, cultural, ambiental) com o advento da grande indústria capitalista e os grandes avanços científicos introduzidos nas revoluções tecnológicas. Uma das bases essenciais da produção industrial de mercadorias, os minérios, são explorados mundo afora em volume crescente, trajetória ascendente, conforme a demanda do capital pelo crescimento da produção com vistas ao aquecimento da economia, ainda que a maior parte da riqueza aí produzida tenha historicamente se concentrado em poucos grandes grupos, geralmente oriundos dos países de capitalismo central ou "avançado". (ARAÚJO *et al.*, 2021, p. 13)

A mineração no Brasil, tanto de ontem como de hoje, assume essas características tanto degradantes/poluentes quanto de profunda exploração da força de trabalho, ou seja, congrega altos custos sociais e ambientais. O avanço e a intensificação da produção de *commodities* minerais como parte das estratégias de desenvolvimento do país pós-redemocratização nos anos 1980, complexamente acirradas no século XXI, impõem muitos desafios à sociabilidade, incluindo-se claramente os dirigidos ao conjunto vasto e múltiplo de profissões envolvidas, desde a pesquisa até a exploração, a produção e também os resultados e efeitos gravosos que acarretam. Neste lastro, quando a atividade minerária predatória é executada na periferia do sistema do capital, seu potencial devastador se amplia, e ocorrem inúmeros impactos e crimes ambientais. Para a mitigação e/ou compensação/reparação dos danos, a Política Nacional do Meio Ambiente (PNMA), instituída pela Lei n. 6.968, de 31 de agosto de 1981, impõe suas sanções. Ao procurar responder a elas, são articuladas diversas instituições, recursos, planos e projetos, o que envolve um amplo espectro de profissões para levar a termo as intervenções necessárias. É o caso do Serviço Social.

O Serviço Social se afirma como profissão generalista, devido à vasta gama de espaços sócio-ocupacionais nos quais as particularidades de suas habilidades e competências podem ser demandadas, e na verdade o são, da saúde à habitação, do sociojurídico à educação, na previdência social e na assistência social etc. São campos de trabalho profissional que incorporam variadas dimensões dos direitos sociais. Com o aprofundamento das expressões da "questão ambiental" na contemporaneidade[1], abrem-se também possibilidades de atuação na área socioambiental: o trabalho em empresas de consultoria/assessoria socioambiental; em fundações empresariais e/ou filantrópicas que atuam em educação ambiental; em empresas que desenvolvem Programas de Educação Ambiental (PEAs) no Licenciamento, como parte da mitigação de impactos; em programas e projetos de compensação de impactos ambientais advindos de atividades potencialmente poluidoras nos termos da PNMA, dentre outras.

Um desses espaços, na atualidade, foi constituído no contexto do maior crime socioambiental do Brasil, decorrente da atividade produtiva da mineração extrativista em Mariana (MG), no pós-rompimento criminoso da barragem de Fundão. Para dar respostas a danos e perdas, foi criada, através de trâmites judiciais, a Fundação

---

1. "A problemática ambiental vem ocupando um espaço crescente na agenda dos mais diversos segmentos da sociedade contemporânea. Embora sua emergência esteja inscrita nos anos [19]60 do século passado, a ênfase que adquire no tempo presente não deixa dúvidas: em razão do apelo ético que porta — tendo em vista que remete às condições e às possibilidades de reprodução da vida — o debate ambiental abarca das instituições de ensino às diversas instâncias do Estado, das entidades empresariais às representações sindicais de trabalhadores, além de ONGs, movimentos sociais e ambientalistas, dentre outros" (SILVA, 2013, p. 19).

Renova, instituição que, passados seis anos de atuação, se explicita como uma megaestrutura financeira e técnico-operativa.

A atuação da Fundação se dá fortemente através da estrutura das políticas sociais que são ofertadas pelo poder público municipal, especialmente as políticas de assistência social, saúde e educação. Essa relação imbricada entre poder público municipal e Fundação conforma a particularidade da atuação profissional do Serviço Social e demais profissões que se vinculam a esse espaço laboral.

Em contraponto à atuação da Fundação, desde 2016, os atingidos residentes em Mariana (MG) acessaram, por meio do Termo de Transação e Ajustamento de Conduta (TTAC), o direito de ter uma equipe de Assessoria Técnica Independente (ATI), que os acompanha e orienta acerca dos processos de reparação de danos e de reconstrução dos distritos destruídos. Essa atuação em equipe multidisciplinar traz desafios ao Serviço Social, considerando as demandas e requisições particulares de atuação a partir do que, neste território, se inscreve como máxima manifestação da superexploração da força de trabalho: o rompimento criminoso da barragem de Fundão (BERTOLLO, 2018). Nesse sentido, ganha relevância a atuação das equipes de ATI, assim como a atuação de movimentos sociais[2].

Este texto busca problematizar desafios e perspectivas do trabalho profissional de assistentes sociais nessas equipes. Seu objetivo é localizar, primeiro, elementos constitutivos da exploração de minérios no bojo da divisão internacional do trabalho, que se configura por meio de uma nova geopolítica mundial da acumulação e exploração capitalista, com consequências desiguais nos distintos territórios; segundo, os traços concernentes à dinâmica dessa especialização do

---

2. Dentre os quais se destacam o Movimento dos Atingidos por Barragens (MAB) e o Movimento pela Soberania Popular na Mineração (MAM), que atuavam na região antes da ocorrência desses recentes e violentos rompimentos criminosos, que levaram à mobilização e à resistência comunitária diante dos empreendimentos minerários e dos danos, da destruição ambiental e das violências que desencadeiam. Também se destaca a atuação da Frente Mineira de Luta das Atingidas e Atingidos pela Mineração (FLAMa), que desde a sua constituição, em maio de 2020, atua na Região do Quadrilátero Ferrífero de Minas Gerais.

trabalho, quando requerida a atuar em espaços novos, diferenciados, carregados de novas contradições e desafios.

Metodologicamente, baseou-se em levantamento bibliográfico e documental. Parte da realidade que se conformou no pós-5 de novembro de 2015, e aponta que são inúmeros e distintos os desafios da atuação do Serviço Social e das demais profissões nas equipes de ATI. Entretanto, os resultados encontrados também mostram que, dialeticamente, esse espaço de atuação permite a potencialização e o avanço das pautas legítimas de comunidades e populações atingidas, configurando-se como um *locus* imprescindível de resistências e enfrentamentos à mineração extrativista e a danos e violências que desencadeia.

1. Os minérios da periferia na geopolítica mundial dos recursos naturais

Na etapa atual do tardo-capitalismo, a clássica exploração de bens/recursos naturais na forma de valores de uso praticamente se extinguiu. A forma mercadoria se impôs quase exclusivamente por todo o planeta, com crescente e permanente aprofundamento a partir da crise estrutural do capital que se instaura desde meados de 1970. A despeito das divergências entre especialistas e estudiosos quanto à natureza, profundidade e extensão da crise, fato é que suas expressões fenomênicas, seus efeitos, são inegáveis e de caráter abrangente. De acordo com Mészáros (2002, p. 795-796), desde a década de 1970 o sistema capitalista vive uma crise sem precedentes, que repercute em seus mecanismos civilizatórios; uma crise estrutural que afeta a totalidade do sistema do capital "em todas as relações, com suas partes constituintes ou subcomplexos"[3].

---

3. Segundo o autor, a crise engloba quatro aspectos principais: "(1) seu caráter é universal, em lugar de restrito a uma esfera particular (por exemplo, financeira ou comercial) [...]; (2) seu alcance

Uma das dimensões particulares da crise estrutural do capital é o aprofundamento de sua natureza destrutiva, advinda da perdularidade que lhe é inerente. Este pode ser considerado um componente e um resultado novos das crises do capital, se comparados aos demais vivenciados na vigência deste modo de produção, de maneira que a "questão ambiental" se torna uma das principais problemáticas do tardo-capitalismo e sua produção destrutiva. Mais ainda, devido ao modelo de acumulação sustentado na financeirização como fundamento da apropriação da mais-valia, engendra-se uma nova geopolítica mundial de exploração e consumo desses recursos naturais.

O prolongamento da crise, sob o comando do capital financeiro, leva às tentativas de remoção dos entraves à sua expansão, o que acentua os traços de sua destrutividade. Em busca de valorização, os excedentes de capital migram para atividades que ainda não estavam diretamente submetidas ao circuito mercantil, subordinando-as (a exemplo das políticas sociais), e avançam sobre os recursos naturais, incorporando novas áreas ou territórios. Nessa dinâmica, insere-se e exponencia-se a atividade extrativista mineral, especialmente com a transferência para os países periféricos (os do agora chamado Sul Global) das atividades que demandam uso intensivo de recursos naturais (água, energia, grandes extensões de terra) ou, ainda, de plantas industriais que são de natureza essencialmente poluente, potencialmente degradantes do meio ambiente.

É o que se dá com a mineração. Na contemporaneidade, há um arranque substantivo dessa atividade, com resultados preocupantes, seja para os que nela trabalham, seja para os demais grupos populacionais direta e indiretamente afetados, ou ainda para os ecossistemas

---

é verdadeiramente global [...], em lugar de limitado a um conjunto particular de países (como foram todas as principais crises no passado); (3) sua escala de tempo é extensa, contínua, se preferir, permanente, em lugar de limitada e cíclica, como foram todas as crises anteriores do capital; (4) em contraste com as erupções e os colapsos mais espetaculares e dramáticos do passado, seu modo de se desdobrar poderia ser chamado de rastejante [...]" (MÉSZÁROS, 2002, p. 796).

e a biodiversidade dos territórios envolvidos, dentre eles o espaço geográfico brasileiro. Como se sabe, a exploração mineral no Brasil, ainda no período colonial, já toma como destino a exportação[4], quase na forma bruta do produto, portanto, com baixo nível de transformação e/ou beneficiamento.

É vasta a lista de minerais explorados no país ao longo da trajetória de sua formação sócio-histórica[5]. Desde cedo, utilizam-se tipos insatisfatórios/deficientes de técnicas de exploração dos minérios[6], como parte da ação predatória que o próprio sistema colonial inaugurou e que as burguesias nacionais e internacionais pretendem tornar perene[7]. Na dinâmica desigual e combinada da economia e do mercado capitalista mundiais, o Brasil jamais ultrapassou seu lugar originário de subalternidade, sua heteronomia. Portanto, é com essas características de participantes subalternos, em vista do lugar associado e dependente da economia brasileira no mercado

---

4. A análise de Caio Prado Júnior acerca do *espírito* do colonizador mostra as relações que desde logo a metrópole estabelece com sua colônia: "É sempre como traficantes que os vários povos da Europa abordarão cada uma daquelas empresas que lhes proporcionarão sua iniciativa, seus esforços [...]. É o comércio que os interessa [...]" (PRADO JÚNIOR, 2008, p. 15).

5. "Os minérios mais explorados nos Brasil são os metálicos, especialmente alumínio, cobre, estanho, ferro, manganês, nióbio, níquel e ouro, que correspondem a 98,6% do valor de toda a produção mineral brasileira comercializada na contemporaneidade. Contudo, sozinho, o minério de ferro tem uma participação de 9,9% na pauta de todas as exportações nacionais (GLOBAL JRESPM, 2019), embora as exportações brasileiras sejam majoritariamente de produtos agrícolas, ou *commodities* agrícolas" (ARAÚJO *et al.*, 2021, p. 14).

6. Caio Prado Júnior observa que essas debilidades técnicas têm clara explicação: "Quanto às deficiências técnicas, é preciso lançar a culpa principal sobre a administração pública [o reinado português], que manteve a colônia num isolamento completo; [...]. Não se deu um passo para introduzir na mineração quaisquer melhoramentos" (PRADO JÚNIOR, 2008, p. 61-62).

7. Uma estudiosa da particularidade da mineração no Brasil devido a sua origem no interior do sistema colonial aponta a degradação monumental de terras e ecossistemas ocupados pela atividade. Sintetiza Silvia Figueirôa: "Tal situação explica-se à luz da lógica de exploração mercantil-escravista do antigo sistema colonial, onde a produção se processou em meio a condições de escassez de capital e abundância do fator terra, crescendo extensivamente por agregação de novas unidades com a mesma composição dos fatores. E como não investe em escala crescente, mas apenas repõe e agrega, dilapida a natureza. A economia colonial, escravista e mercantil é, portanto, uma economia predatória e, neste sentido, a economia colonial tinha limites naturais: o esgotamento dos recursos dilapidados pelo modo de produção" (FIGUEIRÔA, 1994, p. 43).

mundial, que a exploração dos minérios existentes no subsolo deste território tem continuidade, agora sob a forma de *commodities*[8].

Trata-se da nova geopolítica mundial de exploração dos recursos naturais, que se organiza por meio da acumulação financeira, e reconfigura a divisão internacional do trabalho e da renda entre centro e periferia do sistema. A mineração constitui uma das atividades mais expressivas neste novo quadro internacional do sistema do capital, tendo o Brasil como partícipe indispensável. Essa atividade também é um constituinte importante do aprofundamento da falha metabólica[9] e seus efeitos gravosos sobre o meio ambiente e sobre as populações que habitam os espaços onde se instala, já que vai deixando rastros de destruição socioambiental nos mesmos territórios onde o capital e o Estado enxergam apenas "desenvolvimento" e o "brilho" da riqueza. Em vista do exposto, pode-se afirmar que:

> O setor mineral continua como um dos grandes eixos concentradores de riqueza na atualidade e realiza-se na transformação da natureza — um bem natural, coletivo e finito — em recurso mineral comercial para fins privados. Nesse amplo processo econômico-capitalista na escala mundial, há uma "globalização da exploração da natureza com proveitos e rejeitos distribuídos desigualmente". (PORTO-GONÇALVES, 2012, p. 25)

---

8. Entende-se por *commodities* os produtos intensivos em recursos naturais em estado bruto (primários) ou com pequeno grau de industrialização. Essa categoria envolve produtos agrícolas (em estado bruto e/ou industrializados), minerais (em estado bruto e/ou industrializados) e energia (cf. BRESSER PEREIRA; MARCONI, 2007 *apud* VERÍSSIMO; XAVIER, 2014, p. 274).

9. Não cabe aqui maior discussão sobre esta categoria marxiana. Mas vale dizer que esta é hoje uma das mais importantes contribuições do materialismo histórico-dialético ao pensamento crítico-revolucionário sobre a relação sociedade-natureza nos marcos do capitalismo. Deixamos a síntese elaborada por Araújo e Silva (2021, p. 154) acerca da categoria: "Em linguagem marxiana, os modos de produção pré-capitalistas, devido às limitações no desenvolvimento das forças produtivas sociais do trabalho e nas suas respectivas formas de propriedade, conseguiram sustentar um dado 'equilíbrio', sempre relativo, com os usos e manejos dos recursos naturais, mantendo mais ou menos estáveis o metabolismo sociedade-natureza, a reprodução dos diversos ecossistemas e biomas, etc. Tal não é mais possível com as relações sociais engendradas no modo de produção capitalista que, em particular, a partir da instituição da grande indústria, produziram uma *fratura nas trocas metabólicas*. Este estilhaçamento, essa ruptura operada, Marx, sob inspiração, chamou de 'falha metabólica'".

É possível assegurar que a produção mais poluente e parte expressiva dos seus ônus recaem sobre a *classe-que-vive-do-trabalho* e sobre a natureza externa dos países do Sul Global, conformando mais um dentre tantos elementos de desigualdade na repartição espacial/territorial dos efeitos gravosos da produção capitalista. No Brasil, a burguesia e o Estado, especialmente na segunda e terceira décadas do século XXI, tomam seriamente para si a tarefa de reconfigurar a economia para atender aos fins atuais do neoimperialismo. Dá-se uma elevada expansão da produção de matérias-primas e manufaturas baseadas em recursos naturais, o que reforça a especialização exportadora constituinte da formação social brasileira, conformando o que vem sendo denominado de reprimarização da economia nacional[10]. A ampla e sempre crescente produção de *commodities*, necessária ao desenvolvimento do modelo de acumulação que tem como base a descartabilidade e a obsolescência das mercadorias[11], demanda o acesso contínuo a reservas de recursos naturais, muitas das quais estão justamente localizadas em territórios da periferia do sistema, o que vem a ser caracterizado como uma verdadeira "maldição da abundância"[12]. Entretanto, o dado geográfico (e físico-natural) não

---

10. "O modelo de reprimarização da pauta econômica brasileira é basicamente fundado nas *commodities*, apresentado tanto como uma 'fuga' para a crise quanto como estratégia de desenvolvimento. Isso explica, por sua vez, o interesse deste modelo em espaços com vasta extensão territorial e riqueza natural, como é o caso do Nordeste brasileiro. E também explica a intensificação da clássica exploração mineral no Sudeste" (ARAÚJO *et al.*, 2021, p. 22).

11. Essas estratégias são parte do esforço do capital para garantir a circulação de mercadorias, num processo que parece irracional devido aos altos custos ambientais dele decorrentes. A "intensificação do consumo de matérias-primas e energia em razão da taxa de uso decrescente das mercadorias ou obsolescência programada" (ARAÚJO; SILVA, 2021, p. 168) expõe a face anticivilizatória do capitalismo contemporâneo.

12. Argumenta Acosta (2009, p. 15-16, tradução nossa) que: "De acordo com as ideias clássicas sobre o desenvolvimento, sempre se sustentou que a riqueza em recursos naturais era uma condição fundamental para alcançar melhores padrões de vida. Na América Latina, muitos repetiram que a abundância em minerais, solos férteis, água doce e outros recursos era o suficiente para garantir o caminho para a prosperidade e o bem-estar". O que realmente aconteceu foi que "aquela riqueza escorregou pelas nossas mãos e perdeu-se além-fronteiras, alimentando os rios do comércio internacional, mas sem desencadear 'um salto qualitativo no desenvolvimento nacional'. Este tipo de contraste foi

é a única variável determinante, porque nesse processo há também escolhas, envolvendo o expurgo da produção mais nefasta e degradante daqueles territórios constituintes do capitalismo central.

Este escopo sintético expõe elementos do movimento contemporâneo da acumulação capitalista, que ganha contornos particulares no Brasil. Sua permanência como país de grande potencial agro-minero-exportador atualiza o imperialismo traduzido pelo agronegócio e pelas *commodities* minerais, duas das principais atividades econômicas do país[13]. As políticas de governos brasileiros pós-redemocratização, mesmo os ditos democrático-populares, beneficiaram concretamente os grandes capitais e desrespeitaram "comunidades locais e suas culturas [...] acentuando a depredação de muitas regiões, inclusive aquelas reconhecidas como áreas de preservação e patrimônios culturais de comunidades tradicionais (indígenas, quilombolas e pequenos agricultores)" (SANTOS *et al.*, 2018, p. 9)[14]. De fato, a regulação estatal se organiza para garantir as condições formais/legais de efetivação desse modelo, já que:

> No Brasil, desde os anos 1990, nos governos neoliberais de FHC, criaram-se facilidades para a exploração mineral e a produção para exportação, ou seja, a pauta de produtos primários, que supostamente deveria gerar superávits na balança comercial. [...] [À época,] vigorava o Código da Mineração de

---

classificado por diversos analistas como uma 'maldição da abundância'. Parece que esta riqueza não garantiu o desenvolvimento, mas pelo contrário, acabou por cristalizar a pobreza".

13. Note-se que o segmento mineral se desenvolveu substantivamente no Brasil a partir do *boom* das *commodities*, "período onde um rápido e intenso crescimento da demanda por matéria-prima, puxado pelo processo de industrialização e urbanização da Ásia, particularmente China, elevou os preços das *commodities* a valores acima das médias históricas". Estudiosos como Milanez e Losekann (2016, p. 404) mostram que "[...] em 2010, o Índice de Preços de *Commodities* do McKinsey Global Institute (MGI) atingiu sua maior marca desde 1910, alcançando patamares 150% maiores do que as referências dos anos 2000".

14. As autoras observam ainda que "[...] a modernidade tem sido um poderoso meio de colonização e que, na verdade, é a moderna colonialidade que vem caracterizando nossa formação social, nos oferecendo mais do mesmo, sempre. Enfim, em nome da modernidade nos colonizam por meio da colonialidade do pensamento e da violência, prática com que abre caminho para o (seu) progresso" (CANUTO, 2014, p. 3 *apud* SANTOS *et al.*, 2018, p. 9).

1967, e mesmo nos governos petistas de Lula e Rousseff, com o incentivo e priorização do setor primário-exportador, o marco regulatório oscila, mas não o bastante frente às pretensões do setor. É no governo Temer que estas mudanças se aceleram. (Araújo *et al.*, 2021, p. 17)

A intencionalidade dos interesses econômicos é clara, acima de qualquer ganho ou benefício social, elementos que nunca foram verdadeiramente preocupação da burguesia e do Estado nacionais[15]. O que é camuflado/escondido é a barbárie, bem como a destruição inerente à atividade mineradora nos moldes capitalista-intensivos. Não é mostrado que a mineração polui os ecossistemas, os degrada, além de exponenciar as desigualdades produzidas pelo sistema do capital. Parte delas se traduz na expropriação das terras campesinas e dos demais povos tradicionais, como indígenas e quilombolas, refletindo-se na redução da biodiversidade, na ampliação da histórica concentração de terra e de renda nas mãos da classe dominante, numa clara segregação socioespacial, num racismo ambiental flagrante etc. O resultado é que a exploração intensiva e extensiva de recursos naturais destrói forças produtivas e meios de produção, porque compromete a vida do ser social (humanidade) e o *habitat* natural de todos os seres vivos, além de interferir também na saúde da população circundante, já que causa muito adoecimento.

Já apontamos vários aspectos das características perdulárias e predatórias da atividade mineradora sob o capitalismo. Na particularidade dos territórios periféricos, unem-se a estes as bases técnico-científicas precárias e ultrapassadas aplicadas aos processos de exploração desde sempre, aprofundadas, apesar de modificadas, no século XX, que exigiu, muito cedo, a construção das perigosas

---

15. Concordamos com José Sidnei Gonçalves quando afirma que, "dada a reprimarização das exportações brasileiras, as questões que se colocam dizem respeito aos limites e ao interesse nacional de expansão econômica baseada principalmente em atividades de exploração intensiva dos recursos naturais finitos" (GONÇALVES, 2011, p. 7).

barragens de contenção de rejeitos. Especialistas mostram e denunciam, por dados, a presença de um traçado histórico de crimes ambientais envolvendo pilhas e/ou barragens de rejeitos de mineração. Afirmam que elas:

> [...] contêm descarte tanto da matéria extraída "não aproveitável", como das substâncias, muitas extremamente tóxicas, utilizadas no processo de lavagem e concentração do minério. Esse tipo de contenção, além de traduzir uma tecnologia obsoleta, conta com o agravante de que o método mais utilizado (não por coincidência, também o mais barato), conhecido como "método de montante", tem como alicerce a solidificação dos próprios rejeitos. Ou seja, é sobre essa própria base de rejeitos que se edifica a estrutura, com a acumulação de terra ou rejeitos em diques contínuos, sobrepostos verticalmente, método considerado por muitos engenheiros [como] as estruturas mais propensas a falharem (KIERNAN, 2016). E, de fato, vêm falhando em catástrofes imensuráveis, sobretudo aliado ao fato de não encontrarem muitos percalços para a instalação de minas extrativas no Brasil. (ARAÚJO et al., 2021, p. 15)

O extermínio, a destruição, as mortes como produtos da mineração são velhos conhecidos no Brasil, podendo ser encontrados inclusive no melhor da nossa arte[16]. O poema foi também citado por Ricardo Gonçalves, que acrescentou à plasticidade do poeta a narrativa científica:

> *O maior trem do mundo*, portanto, é peça simbólica tanto da imponência econômica dos minérios extraídos do subsolo brasileiro, exportados para

---

16. No Brasil, é nos versos de Drummond, em seu poema "O maior trem do mundo", que se encontra essa expressão simbólica do significado da mineração. "O maior trem do mundo/ Leva minha terra/ Para a Alemanha/ Leva minha terra/ Para o Canadá/ Leva minha terra/ Para o Japão// O maior trem do mundo/ Puxado por cinco locomotivas a óleo diesel/ Engatadas geminadas desembestadas/ Leva meu tempo, minha infância, minha vida/ Triturada em 163 vagões de minério e destruição./ O maior trem do mundo/ Transporta a coisa mínima do mundo/ Meu coração itabirano// Lá vai o maior trem do mundo/ Vai serpenteando, vai sumindo/ E um dia, eu sei, não voltará/ Pois nem terra nem coração existem mais (ANDRADE, 2008).

diversas partes do mundo, quanto das abruptas transformações das paisagens e dos territórios, com consequências deletérias para a sociedade e a natureza. A mineração no Brasil representa séculos de subordinação, de imposições do imperialismo internacional e de agressão destrutiva de ambientes e do trabalho. As empresas transnacionais do setor mineral que atuam no país expropriam populações e controlam terra, água e subsolo, inserindo-os nos processos de conflito de classe, com rebatimentos territoriais que agridem lugares da vida coletiva de populações locais como camponeses, indígenas e quilombolas. Minérios, água, fertilidade do solo e força física dos trabalhadores são exauridos do território nacional e drenados para o mercado mundial, deixando para trás rastros de espoliação e esgotamento. Por conseguinte, não é exagero dizer que o poema de Drummond expõe sem disfarce a condição predatória da natureza e do trabalho no interior do sistema produtor de mercadorias — o capitalismo. (GONÇALVES, 2016, p. 52-53)

Vêm de muito longe os efeitos deletérios da mineração no território nacional, entretanto, os dois maiores crimes ambientais registrados são dos tempos atuais: em 2015, deu-se o rompimento criminoso da Barragem de Fundão, de propriedade da Samarco, Vale e BHP Billiton, no município de Mariana (MG), que resultou em mais de 62 milhões de metros cúbicos de rejeitos no meio ambiente, e 19 mortes[17]; em 2019, ocorreu o rompimento da barragem B1 da Mina do Córrego do Feijão, em Brumadinho (MG), que provocou a morte de mais de 260 pessoas[18], animais e toda a vegetação ao redor, soterrada por 13 milhões de metros cúbicos de lama tóxica. Os primeiros pactos e acordos para mitigação e compensação dos impactos desses crimes se arrastam há anos. Em 4 de fevereiro de 2021, foi fechado um "acordo histórico" entre a Vale, o governo

---

17. A imprensa oficial anunciou 19 mortes, mas é importante considerar que uma moradora do distrito de Bento Rodrigues, imediatamente destruído pelos rejeitos tóxicos, sofreu um aborto em decorrência do rompimento. Alinhamo-nos à perspectiva de luta dessa mulher, mãe, atingida (cf. SENRA, 2016).

18. Até o momento, 261 corpos foram encontrados e identificados. Ainda restam 9 vítimas desaparecidas (cf. FREITAS, 2021).

do estado de Minas Gerais e as instituições de justiça, denominado "Termo de medidas de reparação". Tal pacto foi realizado a *portas fechadas* e sem a participação dos principais interessados no acordo: a população atingida. Ações como essa reforçam o ambiente conciliatório e de cooperação, para dizer o mínimo, entre o Estado brasileiro e o capital, e criam e/ou acirram os conflitos e as lutas socioambientais nos territórios, demandando intervenções. Atuar nesses espaços, portanto, é desafiador, e o Serviço Social está entre as profissões chamadas a fazê-lo.

2. Atuação do Serviço Social em territórios minerados pós-rompimentos criminosos de barragens de rejeitos: o exemplo emblemático de Mariana (MG)

Ao analisar a trajetória do Serviço Social, Maria Liduína Silva (2019, p. 27) afirma que, "[...] enquanto projeto profissional, é necessário que o Serviço Social continue assumindo posturas de resistências com referências teórico-metodológicas, ético-políticas e técnico-operativas críticas, a serviço da classe trabalhadora". Resgatar e reafirmar tais premissas nesta quadratura histórica assolada pela ofensiva do capital, pela destruição ambiental, pela precarização das condições laborais e reprodutivas da classe trabalhadora é tarefa exigente, uma vez que a vida social se configura por expressões cada vez mais agravadas da "questão social" que, no caso em tela, acontecem, conformam-se e se perpetuam a partir da atividade produtiva da mineração extrativista.

Os antagonismos econômico-produtivos marcam fortemente as disputas no contexto político-interventivo dos espaços minerados pós-rompimento de barragens. Nesse sentido, a realidade cotidiana pós-rompimento requer do Serviço Social uma atuação profissional que imprima, na relação com as comunidades atingidas, com os movimentos sociais, com as mineradoras e seus aparatos operacionais de "responsabilidade social", e com o poder público — nas esferas municipal e do Judiciário — seus saberes, bem como sua posição ético-política e intervenção socialmente referenciada, tais como assumidas no Código de Ética Profissional (1993) e na Lei n. 8.662/93, que regulamenta a profissão de Assistente Social. O raciocínio de Marilda Iamamoto já apontava para essa direção estratégica:

> Os[as] assistentes sociais, articulados às forças sociais progressistas, vêm envidando esforços coletivos no reforço da esfera pública, de modo a inscrever os interesses das maiorias nas esferas de decisão política. O horizonte é a construção de uma "democracia de base" que amplie a democracia representativa, cultive e respeite a universalidade dos direitos do cidadão, sustentada na socialização da política e da cultura. Tais elementos adquirem especial importância em nossas sociedades latino-americanas, que se constroem no reverso do imaginário igualitário da modernidade; sociedades que repõem cotidianamente e de forma ampliada privilégios, violência, discriminações de renda, poder, gênero, etnias, gerações, alargando o fosso das desigualdades no panorama diversificado de manifestações da questão social. (IAMAMOTO, 2006, p. 192)

Nesse sentido, é urgente desencadear nos territórios alguns enfrentamentos coletivos, tal como a estruturação das políticas sociais públicas — o que abarca desde o financiamento até a constituição de equipes de trabalho nos equipamentos públicos e, a partir disso, as condições materiais e objetivas para levar a termo programas, projetos, serviços e benefícios. Não é raro constatar que o Sistema Único de Saúde (SUS) e o Sistema Único de Assistência Social (SUAS) ainda não foram completamente instituídos nos municípios, que espaços de gestão e equipamentos públicos ainda carecem de estruturação e de condições mínimas de funcionamento.

Assim, o profissional de Serviço Social, ao trabalhar em território minerado, depara-se com expressivos dilemas. A fragilidade nos vínculos empregatícios e a precarização das formas de contratação são preocupações constantes dos assistentes sociais[19]. Esse cenário de incertezas incide na autonomia relativa do profissional e nas potencialidades concernentes à dinâmica da instrumentalidade:

> [...] de acordo com os relatos das técnicas, a empresa contratante não acompanha de perto o trabalho das profissionais, não conhece a realidade que vivenciam no exercício da profissão. As renovações de contratos são sempre incertas, podendo ser ou não dispensadas a qualquer momento. (BERTOLLO; SILVA, 2018, p. 47)

Questões determinantes como estas acabam por reforçar o imediatismo nas intervenções profissionais, além de essa prática ser conservada pelas próprias condições extremamente agravadas de sobrevivência e vida dos usuários dos serviços sociais, ou seja, da classe trabalhadora, que é secularmente requisitada, a partir da venda da sua força de trabalho, na atividade produtiva da mineração extrativista nesse território[20].

---

19. Conforme observado nos seguintes relatos recolhidos em recente pesquisa: "'Eu sou terceirizada né, pela Fundação Renova, não sei nem se é terceirizada ou quarteirizada, rs!' (Esmeralda). 'É a gente fala que, a gente brinca que a gente é quarteirizada né, mas é pela Fundação Renova, e aí a empresa que assina nossa carteira é a empresa Contexto Consultoria, então a gente presta serviço né, ontem mesmo a gente teve reunião, e aí, até então, o nosso contrato é até fevereiro, podendo ser prorrogado pra mais seis meses' (Rubi)" (BERTOLLO; SILVA, 2018, p. 47).

20. É retratado, a partir da atuação das assistentes sociais, o seguinte cenário: "'a gente vê [...] lugares que são inacessíveis, muitas vezes nas visitas você tem que andar, o acesso é difícil, e você vê que moram pessoas de toda faixa etária, deficientes, idosos, que moram nesses lugares, e a forma né, as condições que eles têm, sem saneamento, sem luz, [...] a gente vê isso nas famílias, como elas vivem, nas condições de vida, nas condições precárias' (Esmeralda). 'A demanda maior é justamente pelo emprego formal né, o público todo aqui, a maioria, exerce atividade informal, os famosos bicos que falam né, tem outras situações assim extremas diferentes, a questão do envolvimento com as drogas também' (Rubi). 'Olha, [...] nossas maiores demandas são alimentação, moradia e trabalho' (Jade)" (BERTOLLO; SILVA, 2018, p. 50).

As requisições ao Serviço Social são decorrentes da exploração da força de trabalho, da opressão e negação de direitos elementares, contexto que se agrava no pós-rompimento criminoso de barragens, uma vez que é ampliado compulsoriamente o contingente populacional que passa a demandar políticas sociais públicas e trabalho técnico/intervenção especializada do Serviço Social. Por isso, é importante evidenciar esse ambiente no qual a atuação profissional do Serviço Social, suas competências e habilidades são requisitadas no pós-rompimento: a assessoria técnica junto aos diretamente atingidos.

O trabalho do Serviço Social nas ATIs

De partida, sinaliza-se que as equipes de ATI são um direito dos atingidos e atingidas, conquistado em decorrência dos rompimentos criminosos de barragens que desencadearam um conjunto de perdas e danos em suas vidas e sobre seus bens. Diante das consequências danosas, são construídas estratégias e formas de reparação integral, com todas as contradições que esse tipo de resposta comporta. É nesse ambiente que a atuação das equipes de ATI ocorre.

É de responsabilidade das mineradoras causadoras dos rompimentos/crimes a reparação das perdas materiais e imateriais e a reconstrução dos distritos destruídos, bem como, via trâmites judiciais, a responsabilidade financeira para custear a atuação das equipes de ATI junto a comunidades e populações atingidas. Faz-se premente, no processo, tendo em vista garantir a participação coletiva e o controle social, que os atingidos sejam protagonistas na escolha da equipe que os assessorará, e é nesse campo de intermediação com as empresas mineradoras e o Judiciário que as equipes de ATI se localizam e atuam. Como o próprio nome diz, são equipes independentes do poderio das mineradoras, que atuam no sentido de contribuir com os atingidos na explicitação de suas demandas e no intuito de garantir os direitos que foram violados com o rompimento criminoso.

Tornar-se atingido, de um momento para outro, significou compulsoriamente passar a conviver com pessoas, instituições e espaços que antes não eram parte da dinâmica cotidiana e, principalmente, construir as reivindicações acerca das perdas sofridas. Esse contexto, extremamente exigente e adoecedor, carece de acompanhamento técnico qualificado de múltiplas áreas do conhecimento e profissões, para que as demandas sejam apresentadas e respondidas pelas mineradoras, em suma, para que sejam efetivados os direitos de reparação integral de comunidades e populações atingidas.

A atuação das equipes de ATI junto a comunidades e populações atingidas foi instituída a partir de quatro Termos de Ajustamento de Conduta (TACs)[21] emitidos entre 2016 e 2018. Tal conformação já explicita os limites de sua própria natureza interventiva. A realidade tem comprovado que os trâmites jurídicos que reconhecem e acatam as legítimas demandas de populações e comunidades atingidas sucumbem diante dos interesses econômico-políticos e das intervenções jurídicas das mineradoras. Nesse sentido, as conquistas legal-normativas, constituintes da democracia formal capitalista, são sempre parciais e incipientes diante de danos, violências e destruição que a atividade mineradora desencadeia e perpetua cotidianamente.

Considere-se, por exemplo, dentre os limites identificados, que a atuação das equipes de ATI, por ser ligada mais à reparação que aos aparelhos públicos, não tem poder interventivo direto na operacionalização das políticas sociais ofertadas pelo município; pelo contrário, necessita que essa estrutura pública funcione adequadamente para

---

21. Constituem-se em pactuações jurídicas em que a mineradora assume compromissos junto ao poder público municipal, ao Ministério Público e a comunidades e populações atingidas, no sentido de reparar e compensar perdas e danos decorrentes do rompimento criminoso.

atender às demandas identificadas e requeridas pelas comunidades e populações assessoradas. Em outros termos, a estruturação adequada dos serviços sociais a partir da esfera pública municipal é imprescindível para o processo de reparação e compensação dos danos e, consequentemente, para a atuação das equipes de ATI.

Essa questão torna-se um grande desafio, considerando o histórico conservador, assistencialista, coronelista, seletivo e focalizado que insiste em se perpetuar e, mais ainda, quando ocorre em estreita articulação com as mineradoras e seus aparatos de "responsabilidade social". Estes, através de megaestruturas operacionais, incidem sobre a oferta de diferentes políticas sociais públicas, sobre o funcionamento dos equipamentos públicos e na atuação profissional que ali ocorre (cf. BERTOLLO; SILVA, 2018).

Outro aspecto que carece de atenção é a própria conformação das equipes de ATI, que, mesmo assumindo uma composição multidisciplinar, são numérica e proporcionalmente reduzidas diante das incomensuráveis demandas da atuação junto à população que, de um momento para o outro, perdeu seus bens materiais, seus modos de vida, suas relações comunitárias, sua saúde mental e perspectiva de futuro. Essa realidade de carência de recursos humanos e materiais é antagônica à estrutura material, financeira e de recursos humanos da Fundação Renova, que foi criada e se conforma sob a condução das próprias mineradoras, mesmo que travestidas por um caráter legal, democrático e participativo em sua composição organizativa. "A Samarco (Vale/BHP Billiton), por exemplo, participa e controla paradoxalmente o Conselho Curador e o Conselho Fiscal da fundação, além de estipular o limite de recursos anuais" (MOREIRA; MOMM; LEITÃO, 2020, p. 3). Análises elaboradas sobre a realidade indicam que a Fundação perpetua práticas racistas e machistas em relação às mulheres negras atingidas, e conduz sua intervenção de forma morosa e financeiramente questionável (SARAIVA; PEREIRA, 2020), o que traz implicações à atuação do Serviço Social.

Como essas determinações delineiam a atuação das equipes de ATI e do Serviço Social junto às pessoas diretamente atingidas, é imprescindível reconhecer as contradições que conformam esse contexto laboral para que essa atuação possa constituir parte da resistência e contestação às suas próprias estruturas limitadoras. É a partir dessa perspectiva que as possibilidades da atuação crítica e propositiva que o Serviço Social assume como sujeito coletivo e por meio de seu projeto ético-político se põem.

De modo geral, a atuação das equipes de ATI e, nestas, do Serviço Social se dá por meio de Plano de Trabalho[22] construído a partir das requisições da população e comunidades assessoradas. Esse instrumental e essa forma de intervenção explicitam e desencadeiam uma multiplicidade de ações requeridas e possíveis de acontecer, ou seja, ao mesmo tempo que evidenciam as demandas a serem atendidas no processo de reparação de danos e reconstrução dos distritos, também abrem possibilidades de reflexões e construção de posicionamentos coletivos críticos ao cotidiano e à vida que se faz em território marcado secularmente pela mineração extrativista. Dessa forma, as resistências se potencializam e influenciam no contexto da luta de classes no território, desencadeando avanços para o conjunto da classe trabalhadora.

A particularidade da atuação profissional do Serviço Social nas equipes de ATI requer e permite a construção de articulações amplas e pujantes com diferentes formas organizativas da classe trabalhadora, dentre as quais destacamos: os movimentos sociais; as entidades sindicais, especialmente as que representam os trabalhadores da mineração; os comitês populares dos atingidos pela mineração; frentes

---

22. Constituem-se em ferramentas de planejamento e execução das ações junto a comunidades e populações atingidas. Buscam evidenciar as particularidades da situação pós-rompimento, bem como as demandas do processo de reparação e de reconstrução dos distritos destruídos. Importa ressaltar o protagonismo das pessoas diretamente atingidas nesse cenário, que requer respostas técnicas multidisciplinares que se organizam e se explicitam nos planos de trabalho.

amplas de luta e resistência à mineração extrativista; associações comunitárias de territórios sob a iminência de novos rompimentos criminosos de barragens de rejeitos; representação de práticas e atividades tradicionais, tais como o garimpo, dentre outras.

Importa evidenciar que a ciência e a produção de conhecimentos socialmente referenciados são essenciais para desvelar os fundamentos e as amarras da sociabilidade burguesa e potencializar o entendimento crítico sobre as relações sociais, econômicas, políticas, culturais e históricas, bem como a atuação profissional e seu objeto de estudo e trabalho: as múltiplas manifestações da "questão social".

O enfrentamento das agravadas e asseveradas expressões da "questão social" que se põem em territórios minerados e em contexto de rompimentos criminosos de barragens de rejeitos requer, a partir das dimensões teórico-metodológica, ético-política e técnico-interventiva, a compreensão da contraditória imbricação entre as esferas da produção e da reprodução social e, nesse sentido, a resistência política coletiva a ser protagonizada pela classe trabalhadora ante a exploração, as opressões, violências, violações, racismo, machismo, destruição ambiental e mortes que o modelo produtivo mineral capitalista desencadeia.

Por mais que a requisição profissional do Serviço Social nas ATIs possa ser considerada recente e inscrita no bojo das competências e demandas laborais contemporâneas — devido ao fato de que ainda são recentes os rompimentos que desencadearam tais processos de atuação multidisciplinar em territórios minerados —, demarcamos que o arcabouço teórico-político-organizativo que a profissão acumulou, assumiu, reivindica e materializa historicamente é capaz de ser a matriz orientadora da atuação junto a populações e comunidades assessoradas, diante do poder público municipal e do Judiciário e, especialmente, diante das mineradoras e de seus aparatos interventivos. O Serviço Social, a partir de sua capacidade interventiva técnica, criativa, propositiva e sua posição classista, pode intervir para tensionar o contexto da luta de classes em territórios minerados, por isso sua atuação em equipes de ATI pode ser defendida como espaço a ser ocupado pela profissão, por seus saberes e compromissos ético-políticos.

Considerações finais

Os rompimentos criminosos de barragens e acidentes de trabalho com mortes são uma constante do atual modelo produtivo da mineração sob os marcos do capitalismo dependente. No início do século XXI, os ainda recentes rompimentos criminosos da barragem de Fundão, e da barragem B1, no município de Brumadinho (MG), explicitam a conformação subordinada, dependente e destrutiva que o modelo de mineração assume e perpetua no Brasil.

O cenário que se impôs nos municípios atingidos escancara que argumentos em defesa da atividade minerária como promotora de desenvolvimento e geração de empregos são uma falácia, pois, na medida em que traz lucros exorbitantes para os acionistas das mineradoras, essa atividade produtiva deixa para as populações e no território apenas rastros de lama-rejeitos tóxicos, destruição ambiental, morte da fauna e da flora, luto pela perda de vidas humanas, adoecimentos físico e mental, deslocamentos forçados, desemprego, falência de pequenos comércios, aumento do custo de vida, destruição de modos de vida, das tradições e da cultura, dentre tantos outros agravos, violências e sofrimentos (BERTOLLO, 2021).

Esse cenário de acirramento dos antagonismos de classe apresenta ao Serviço Social demandas e requisições sob novos parâmetros e contornos. A atuação sobre e a partir das expressões da "questão social" na mineração não prescinde das competências teórico-metodológicas, técnico-operativas e ético-políticas que a profissão assume, constrói e pelas quais se organiza historicamente. Essas posições orientam o exercício profissional, a fim de não o reduzir a processos burocráticos estéreis e conservadores sobre o cotidiano e a vida da classe trabalhadora.

Após os rompimentos criminosos, a atuação profissional via Estado na operacionalização das diferentes políticas sociais públicas ofertadas em âmbito municipal ganha novos contornos e dilemas. A atuação profissional junto a comunidades e populações atingidas, por meio das equipes de ATI, configura-se como um espaço exigente e, ao mesmo tempo, promissor da intervenção do Serviço Social. Diante dos limites que estruturam cada espaço de atuação e para conformar e desenvolver o exercício profissional de modo socialmente referenciado junto e a partir das comunidades e populações atingidas, é fundamental que o Serviço Social e demais profissões que compõem as equipes de ATI construam articulações amplas com variados setores progressistas que compõem o histórico cenário de resistência da classe trabalhadora no território, especialmente os movimentos sociais e entidades sindicais que atuam diretamente no enfrentamento da mineração extrativista e seus efeitos.

O Serviço Social tem compromissos e posições das quais não abdica no cotidiano profissional. É urgente ultrapassar os limites político-institucionais, construir e fomentar estratégias interventivas a partir do protagonismo da classe trabalhadora em suas múltiplas conformações e particularidades. Somente de modo articulado e amplo será possível tensionar o contexto da luta de classes em territórios minerados, na perspectiva de que as violências e violações próprias desse atual modelo produtivo mineral não se tornem páginas rotineiras. Para tanto, é preciso enfrentar teórica, política e organizadamente o cenário sangrento e de destruição ambiental que a mineração extrativista deixa neste chão. É, assim, um espaço sócio-ocupacional dinâmico, rico, complexo e, por isso, prenhe de possibilidades.

Referências

ACOSTA, Alberto Espinosa. La maldición de la abundancia: un riesgo para la democracia. *La Tendencia*: Revista de Análisis Político, Quito: FES-ILDIS, n. 9, mar./abr. 2009.

ANDRADE, Carlos Drummond de. *Poesia completa*. Rio de Janeiro: Nova Aguilar, 2008.

ARAÚJO, Nailsa Maria Souza *et al*. Lutas socioambientais envolvendo mineração no Brasil. *In*: COLÓQUIO INTERNACIONAL MARX E O MARXISMO 2021: O FUTURO EXTERMINADO? CRISE ECOLÓGICA E REAÇÃO ANTI-CAPITALISTA, 2021, Niterói. Anais [...]. Niterói, ago. 2021. Disponível em: https://niepmarx.blog.br/anais-mm2021/. Acesso em: 10 set. 2021.

ARAÚJO, Nailsa Maria Souza; SILVA, Maria das Graças e. O metabolismo social e sua ruptura no capitalismo: aspectos históricos e sua configuração na etapa de financeirização da natureza. *Germinal*: Marxismo e Educação em Debate, Salvador, v. 13, n. 2, p. 151-173, ago. 2021. Disponível em: https://periodicos.ufba.br/index.php/revistagerminal/article/view/45306/25204. Acesso em: 5 set. 2021.

BERTOLLO, Kathiuça. *Mineração e superexploração da força de trabalho*: análise a partir da realidade de Mariana-MG. 2018. Tese (Doutorado) — Centro Sócio-Econômico, Programa de Pós-Graduação em Serviço Social, Universidade Federal de Santa Catarina, Florianópolis, 2018.

BERTOLLO, Kathiuça. A mineração extrativista em Minas Gerais: "Ai, antes fosse mais leve a carga". *Katálysis*, v. 24, n. 3, 2021. Disponível em: https://periodicos.ufsc.br/index.php/katalysis/article/view/79502. Acesso em: 17 maio 2021.

BERTOLLO, Kathiuça; SILVA, Lais Stefani. O *exercício profissional do assistente social no CRAS Cabanas em Mariana-MG*. Relatório de Pesquisa Científica, 2018.

FIGUEIRÔA, Silvia Fernanda de Mendonça. Mineração no Brasil: aspectos técnicos e científicos de sua história na Colônia e no Império (séculos XVIII-XIX). *América Latina en la Historia Económica*, v. 1, n. 1, p. 41-55, jan./jun. 1994.

FREITAS, Raquel. Bombeiros encontram mais um corpo em Brumadinho. *G1 Minas*, 2 out. 2021. Disponível em: https://g1.globo.com/mg/minas-gerais/noticia/2021/10/02/bombeiros-encontram-mais-um-corpo-em-brumadinho.ghtml. Acesso em: 20 jan. 2024.

GONÇALVES, José Sidnei. Reprimarização ou desindustrialização da economia brasileira: uma leitura a partir das exportações para o período 1997-2010. *Análises e Indicadores do Agronegócio*, v. 6, n. 12, dez. 2011. Disponível em: http://www.iea.sp.gov.br/out/TerTexto.php?codTexto=12256. Acesso em: 3 mar. 2012.

GONÇALVES, Ricardo Junior de Assis Fernandes. *No horizonte, a exaustão [manuscrito]*: disputas pelo subsolo e efeitos socioespaciais dos grandes projetos de extrativismo mineral em Goiás. 2016. DIV, 504 f.: il. Tese (Doutorado) — Instituto de Estudos Socioambientais (IESA), Programa de Pós-Graduação em Geografia, Universidade Federal de Goiás, Goiânia, 2016.

IAMAMOTO, Marilda. As dimensões ético-políticas e teórico-metodológicas no Serviço Social contemporâneo. *In*: MOTA, Ana Elizabete *et al.* (org.). *Serviço Social e saúde*: formação e trabalho profissional. São Paulo: OPAS/OMS; Ministério da Saúde, 2006.

MÉSZÁROS, István. *Para além do capital*: rumo a uma teoria da transição. Tradução: Paulo Cezar Castanheira; Sérgio Lessa. São Paulo: Boitempo, 2002.

MILANEZ, Bruno; LOSEKANN, Cristiana (org.). *Desastre no Vale do Rio Doce*: antecedentes, impactos e ações sobre a destruição. Rio de Janeiro: Folio Digital/Letra e Imagem, 2016.

MOREIRA, Renata; MOMM, Estefania; LEITÃO, Karina Oliveira. *O papel e limite das assessorias técnicas independentes no desastre-crime da Samarco (VALE/BHP BILLITON)*. *In*: ENCONTRO ANUAL DA ANPOCS, GT10. CONFLITOS E DESASTRES AMBIENTAIS: COLONIALIDADE, DESREGULAÇÃO E LUTAS POR TERRITÓRIOS E EXISTÊNCIAS, 44., 2020, São Paulo. Anais [...]. São Paulo, 2020. Disponível em: https://www.anpocs2020.sinteseeventos.com.br/. Acesso em: 28 abr. 2022.

PORTO-GONÇALVES, Carlos Walter. *A globalização da natureza e a natureza da globalização*. 3. ed. Rio de Janeiro: Civilização Brasileira, 2012.

PRADO JÚNIOR, Caio. *História econômica do Brasil*. 48. reimpr. da 1. ed. de 1945. São Paulo: Brasiliense, 2008.

SANTOS, Josiane Soares *et al*. Determinações contemporâneas dos conflitos socioambientais no Nordeste do Brasil. *In*: ENCONTRO NACIONAL DE PESQUISADORAS/ES EM SERVIÇO SOCIAL, 16., 2018. *Anais* [...]. [*S. l.*], v. 1, n. 1, 2018.

SARAIVA, Carolina Machado; PEREIRA, Michel Richter Oliveira. *Dossiê*: falta de transparência da Fundação Renova nos relatórios do Programa de Comunicação, Participação, Diálogo e Controle Social. Belo Horizonte: Observatório C.A.F.É, Universidade Federal de Ouro Preto, 9 dez. 2020. Disponível em: https://observatoriocafe.com.br/atingidos. Acesso em: 24 maio 2022.

SENRA, Ricardo. A mãe que sofreu aborto na lama e luta para incluir feto entre vítimas de Mariana. *BBC News Brasil*, 4 nov. 2016. Disponível em: https://www.bbc.com/portuguese/brasil-37829548. Acesso em: 20 jan. 2024.

SILVA, Maria das Graças e. Questão ambiental e as principais formas de enfrentamento no século XXI. *In*: ARAÚJO, Nailsa Maria Souza; SANTOS, Josiane Soares; SILVA, Maria das Graças e (org.). *Educação ambiental e Serviço Social*: o PEAC e o licenciamento na gestão pública do meio ambiente. 2. ed. rev. e ampl. São Cristóvão: Editora UFS, 2013.

SILVA, Maria Liduína de Oliveira e (org.). *Congresso da Virada e o Serviço Social hoje*: reação conservadora, novas tensões e resistências. São Paulo: Cortez, 2019.

VERÍSSIMO, Michele Polline; XAVIER, Clésio Lourenço. Tipos de *commodities*, taxa de câmbio e crescimento econômico: evidências da maldição dos recursos naturais para o Brasil. *Revista de Economia Contemporânea*, v. 18, n. 2, p. 267-295, 2014. Disponível em: https://doi.org/10.1590/141598481825. Acesso em: 27 dez. 2023.

7
Trabalho Social na política habitacional em capitais brasileiras:
aproximações e agenda de pesquisa

Joana Valente Santana
Rosangela Dias Oliveira da Paz
Joicy Helena da Costa Pantoja

Introdução

As reflexões apresentadas neste capítulo constituem-se em resultados parciais do projeto de pesquisa *Serviço Social e remoção de moradores atingidos por projetos urbanísticos no Brasil: requisições e respostas profissionais*[1], o qual tem por objetivo analisar o trabalho

---

1. Projeto financiado pelo CNPq (Chamada Universal/2018. Número do Processo: 435406/2018-3, coordenado por Joana Valente Santana). Ademais, o texto apresenta reflexões construídas no Grupo

profissional dos assistentes sociais em projetos urbanísticos que envolvem processos de remoção de moradores, verificando demandas, respostas e estratégias profissionais nesses processos, articuladas ao projeto ético-político da profissão.

A pesquisa foi orientada pela teoria social marxiana e a metodologia de investigação, baseada em levantamento bibliográfico e documental, foi realizada por meio de levantamento de dados disponíveis pelas prefeituras municipais a respeito do Trabalho Social vinculado a programas e projetos urbanos e habitacionais. O levantamento buscou registrar os dados disponíveis nas páginas eletrônicas das prefeituras (abas das Secretarias e/ou Departamentos) e redes sociais (Facebook; Instagram) das capitais estaduais e da capital do Brasil (Distrito Federal/DF).

Foram encontrados dados sobre o Trabalho Social em 14 capitais, distribuídas em todas as regiões do Brasil. Os dados obtidos foram organizados em planilha eletrônica, sistematizados com as informações sobre Cidade; Ano; Órgão responsável pelo Programa/Projeto; Programa/Projeto; Projeto de Trabalho Técnico Social (PTTS); Observações, Fonte e Referências.

Os processos de remoção de moradores em projetos urbanísticos e habitacionais constituem-se em ações diversas, em função da conjuntura específica, da política pública em questão e das formas como são implementados os projetos habitacionais nas cidades. Em algumas situações, configuram-se como remoções planejadas para execução de obras públicas ou prevenção de riscos, em outras, caracterizam-se como despejo ou expulsão, frutos da gentrificação dos territórios das cidades e dos interesses do mercado imobiliário e financeiro. Em todas as situações, mesmo naquelas em que as famílias envolvidas são informadas e têm ofertas de alternativas habitacionais, há um forte sentimento de insegurança e de violação de direitos.

---

de Estudos e Pesquisas Cidade, Habitação e Espaço Humano (GEP-CIHAB/PPGSS/UFPA) e no Núcleo de Estudos e Pesquisas sobre Movimentos Sociais (NEMOS/PUC-SP).

Esses processos geralmente são traumáticos e, portanto, revestidos de medo e violência, mas é preciso compreendê-los no contexto de formação das cidades brasileiras que, historicamente, cresceram e se estruturaram pelo interesse do capital, pela disputa pela terra urbana, secundarizando as necessidades da população que vive e trabalha nas cidades. As contradições, tensões e desigualdades sociais geradas na formação das cidades se expressam nos territórios de vida, nos bairros periféricos, na segregação socioespacial, na precariedade da infraestrutura e dos serviços urbanos. Bonduki (1998) ressalta que as causas da desigualdade urbana estão nas formas como se organizou a sociedade e o Estado brasileiro, marcado pelo patrimonialismo, pela exploração do trabalho e, principalmente, pelo controle absoluto das elites sobre o processo de acesso a terra, rural e urbana. Acrescentamos que a desigualdade social brasileira está alicerçada na dominação de classe, no racismo estrutural, no machismo, constituintes da formação sócio-histórica brasileira.

A partir de 2020, no contexto da pandemia da covid-19, é possível observar o agravamento das condições de vida e moradia, em especial com a perda de renda familiar e postos de trabalho. Vale lembrar que a piora nas condições de vida já estava em curso desde o golpe político-parlamentar de 2016, com a sucessão de governos federais (presidentes Michel Temer e Jair Messias Bolsonaro) que aceleraram o desmonte das políticas de proteção social, com a aprovação do teto dos gastos, os cortes de financiamento e a paralisação de programas federais, aprofundando as desigualdades sociais e regionais.

O trabalho precário, o desemprego, as péssimas condições de moradia sem infraestrutura urbana, o colapso dos serviços públicos, o aumento da fome e da pobreza foram agravados na pandemia, mas não são exclusivos desse período, expressando as contradições próprias do modo de produção capitalista.

A crise sanitária revelou que o vírus Sars-CoV-2 atingiu de forma desigual a população, escancarando as desigualdades de classe, gênero e raça, conforme apresentado em importante relatório da Oxfam Brasil (2021), intitulado *O vírus da desigualdade*. Nesse sentido, afirmamos que a pandemia tem classe, gênero e cor, matou mais negros e pobres, moradores de áreas periféricas e segregadas, de habitações precárias e com maior densidade habitacional, que, para sobreviver não puderam fazer o necessário isolamento social, expostos ao transporte público superlotado e de péssima qualidade. Trabalhadores e trabalhadoras informais, domésticas, de aplicativos, ambulantes, catadores, população em situação de rua, indígenas e quilombolas tiveram suas condições de vida e saúde agravadas e foram vítimas de morte pelo descaso e preconceito de classe, gênero e raça.

Viver nas cidades é mais do que ter um trabalho e renda; pressupõe a satisfação de necessidades de serviços básicos, mobilidade, acessibilidade, moradia, convivência e sociabilidade, que só podem ser enfrentadas com políticas públicas e participação social. No entanto, o neoliberalismo concebe as cidades como espaço do capital, de financeirização da terra, da moradia, dos serviços de infraestrutura. Para o capital, a moradia é mercadoria, um negócio do setor da construção civil e imobiliário, um bem de consumo, e não um direito social. Nesse campo de disputa de sentidos, entre direitos e mercadorias, o Trabalho Social na política habitacional é convocado, requisitado e desafiado a se posicionar. Uma disputa que mobiliza as forças do mercado, o Estado, os movimentos sociais e as diversas e heterogêneas organizações da sociedade civil.

As reflexões do texto serão apresentadas em duas seções. A primeira discute os limites e as potencialidades sobre o Trabalho Social na conjuntura atual no Brasil. A segunda expõe a síntese e as reflexões sobre os resultados encontrados na pesquisa. As Considerações finais encerram o capítulo.

1. Reflexões sobre o Trabalho Social na política habitacional

Os estudos sobre o Trabalho Social (TS) na política habitacional brasileira vêm problematizando as demandas e as respostas profissionais das equipes que trabalham nesse campo das políticas sociais, procurando identificar a produção do espaço urbano brasileiro e a histórica dificuldade da classe trabalhadora em ter acesso à moradia pelo alto grau de desigualdade socioeconômica no uso e ocupação do solo (CARBAJAL ARREGUI *et al.*, 2017; GOMES; PELEGRINO, 2005; PAZ; TABOADA, 2010; PAZ; CARBAJAL ARREGUI, 2018; PAZ; DINIZ, 2020b; SANTANA, 2011, 2018).

Esses estudos, dentre outros, dedicam-se à análise das respostas contraditórias do Estado na produção habitacional, pela via das políticas urbanas e habitacionais, e as requisições profissionais às equipes de Trabalho Social, em que se incluem os profissionais de Serviço Social, discutindo as limitações e impasses desse trabalho, pelo próprio limite do Estado em atender à questão da moradia na ordem burguesa, como bem assinalou Engels (2015).

A constituição das cidades brasileiras, as disputas pela terra no campo e nas cidades, as dinâmicas locais e regionais e o contexto social, econômico e político são elementos-chave para a compreensão das convocações do Trabalho Social como componente de implementação de projetos e programas habitacionais.

Não cabe neste texto uma análise do percurso histórico do Trabalho Social, desde os anos 1930 e, especialmente, após a criação do Banco Nacional de Habitação (BNH), o período de redemocratização brasileira (lutas dos anos 1980), as conquistas constitucionais de 1988, as políticas dos anos 1990, marcadas pelo neoliberalismo, até a entrada dos anos 2000, com as políticas sociais e econômicas do governo de Luiz Inácio Lula da Silva. Entretanto, é preciso partir do pressuposto de que o Trabalho Social é condicionado pelas diferentes conjunturas, políticas públicas e pela disputa de projetos políticos na sociedade brasileira. Assim, é possível afirmar que o Trabalho Social assumiu diferentes significados na sua trajetória de inserção nas políticas públicas.

Entre avanços e retrocessos, as políticas urbanas e de habitação no Brasil conformaram cidades desiguais e precárias na oferta de serviços urbanos, prioritariamente atendendo aos interesses da industrialização e da circulação do capital, em detrimento das necessidades sociais daqueles que vivem, moram e trabalham nas cidades. Mas, ao mesmo tempo, é nas cidades, precárias, segregadas e desiguais, que a população se organiza em associações e movimentos sociais para pressionar o Estado por políticas públicas e atendimento de suas necessidades, e para criar alternativas de sobrevivência pela solidariedade, cooperação e ajuda mútua.

Nossas pesquisas bibliográficas apontam que os estudos problematizam as possibilidades e potencialidades do Trabalho Social (TS) como campo contraditório de disputa de concepções, projetos e recursos públicos, permeado pelos interesses do mercado imobiliário e da construção civil e pelos interesses dos sujeitos coletivos da sociedade civil, que defendem o direito à cidade e à moradia digna. Nesse campo contraditório, a literatura de TS tem afirmado a centralidade do processo de organização política dos moradores nos territórios populares, como assinalam Paz e Carbajal Arregui:

> Do ponto de vista da concepção sobre Trabalho Social, parte-se da compreensão de totalidade e integração (necessária) entre políticas habitacional, urbana, sociais e o respeito ao meio ambiente. Nessa perspectiva, compreende-se que o Trabalho Social é um componente essencial das políticas habitacional e urbana e, portanto, deve estar articulado às suas diretrizes, de maneira sistemática, contínua e interdisciplinar. A sua natureza é essencialmente relacional e processual. Trabalhar com a população, as famílias, os movimentos sociais,

as redes e organizações implica conhecer as relações que se estabelecem nos territórios, as disputas e os conflitos e intervir respeitando as características socioculturais. (PAZ; CARBAJAL ARREGUI, 2018, p. 10)

A concepção do Trabalho Social na perspectiva da defesa dos direitos sociais, do acesso à moradia e à cidade foi construída pelos profissionais, com destaque para os assistentes sociais, engajados em fóruns e pautas urbanas e na interlocução com movimentos de moradia.

Nesse sentido, a partir de 2003, com a gestão do presidente Luiz Inácio Lula da Silva, entende-se que:

[...] o reconhecimento do Trabalho Social enquanto componente da política nacional de habitação, obrigatório em programas e projetos destinados à população de menor renda e financiável com recursos públicos federais, é fruto desse processo de disputa e de construção de uma concepção afinada com o direito à cidade e a moradia digna. (PAZ; DINIZ, 2020a, p. 36)

O período recente da história brasileira, após o golpe de 2016, que levou ao *impeachment* da presidente Dilma Rousseff, seguido dos governos do presidente interino Michel Temer e do presidente Jair Messias Bolsonaro, pautou o debate e as análises sobre a crise democrática e a fragilidade das instituições democrático-participativas, em um cenário de crise econômica, política e sanitária, agravado pela pandemia global do coronavírus.

O desmonte dos direitos sociais deixou à própria sorte trabalhadores e trabalhadoras, que passaram a ter como prioridade a luta pela sobrevivência diária e pouca disponibilidade para as dimensões político-organizativas da luta por direitos sociais.

Do ponto de vista institucional, o avanço do conservadorismo na sociedade brasileira impactou e refluiu a presença de administrações municipais orientadas pelos princípios de gestão democrática, tal como vivenciado nos anos 1990 e na primeira década dos anos 2000. Esse quadro, somado à ausência de uma política habitacional que financie programas para os segmentos de menor renda, inviabilizou os espaços participativos, como os conselhos gestores e conferências.

Em que pesem as avaliações críticas ao Programa Habitacional Minha Casa, Minha Vida (MCMV), dos governos Lula e Dilma, esse programa produziu moradia com importante subsídio do fundo público para os segmentos de menor renda. Em 2019, foi extinta a chamada faixa 1 do MCMV, voltada para famílias com renda até R$ 1,8 mil e que, em 10 anos, entregou mais de 1,5 milhão de moradias, com 90% de subsídio médio (cf. TAKEMOTO, 2021). O MCMV foi extinto e substituído pelo programa Casa Verde e Amarela, do governo Bolsonaro, que aumentou a renda exigida para os financiamentos, excluindo as faixas de baixa renda, abrindo a operação para bancos privados.

O corte de financiamento para programas habitacionais levou a uma desidratação dos recursos públicos para a execução do Trabalho Social, enquanto componente da política habitacional. Sem recursos para o Trabalho Social, observam-se um refluxo das intervenções, o desmonte de setores e equipes, sendo que algumas equipes sociais das prefeituras se mantêm com os recursos para a conclusão de projetos do MCMV e com o trabalho terceirizado contratado em processos anteriores. Em muitos casos, o Trabalho Social passa a ser pontual, executado com contratos temporários, dificultando as condições éticas e técnicas da realização do trabalho profissional.

Na contramão desse processo estrutural e conjuntural pelo qual passa a sociedade brasileira, defende-se que é necessária a reafirmação de princípios éticos e políticos que se voltem aos interesses dos sujeitos que vivenciam, nos territórios, as diversas contradições sociais e as intensificadas privações no atendimento das necessidades humanas. Conforme Carbajal Arregui *et al.* (2017, p. 68):

Na mesma direção, adota-se que a centralidade do Trabalho Social está no estímulo e no fortalecimento da participação e do protagonismo social no cotidiano dos projetos, reconhecendo o direito e a capacidade da população em tomar as decisões. A aposta é de que a participação direta da população ou através de seus representantes na defesa de direitos coletivos aprofunda a democracia, amplia a cidadania e transforma a cultura política brasileira [...]. Para participar, é preciso conhecer, ter informações, se apropriar coletivamente.

Nesse sentido, as respostas das equipes técnicas do Trabalho Social podem, na mediação dos processos contraditórios do trabalho profissional, desenvolver experiências de trabalho que incentivam a participação de base democrática.

2. Apresentação dos resultados parciais da pesquisa: *Produção habitacional e Trabalho Social em capitais brasileiras*

Os resultados da pesquisa demonstraram que o Programa Minha Casa, Minha Vida, do governo federal, aparece com o maior número de vezes em documentos disponíveis pelas prefeituras das capitais investigadas, com 11 ocorrências: Brasília/DF, Campo Grande/MS, Fortaleza/CE, Maceió/AL, Natal/RN, São Luís/MA, Boa Vista/RR, Porto Velho/RO, Rio Branco/AC, Rio de Janeiro/RJ, Florianópolis/SC. Os demais Programas identificados são: Programa Habitar Brasil/BID (Campo Grande/MS); Escritório Público de Assistência Técnica, Programa Morar Melhor, Programa Casa Legal/Regularização Fundiária (Salvador/BA); Programa Habitacional das Prefeituras (João Pessoa/PB); Programa Pró-Moradia (Belo Horizonte/MG); Programa de Urbanização de Favelas, Programa Mananciais (São Paulo/SP); e Programa Habitar Vitória (Vitória/ES).

Vinculadas a esses programas e/ou projetos urbanos e habitacionais, foram identificadas, em 14 capitais, informações sobre o Trabalho Social, sistematizadas no Quadro 1.

Quadro 1 — Atividades realizadas por equipes de Trabalho Social em projetos urbanos e habitacionais em 14 capitais no Brasil

REGIÃO/ CAPITAL	ÓRGÃO	PROGRAMA/ PROJETO	ATIVIDADES REALIZADAS POR EQUIPES DE TRABALHO SOCIAL
Norte			
Belém (PA)	Secretaria Municipal de Habitação (Sehab)	Sem informação	Projetos de Trabalho Social através de três eixos: geração de trabalho e renda, educação sociopolítica e educação ambiental.
Porto Velho (RO)	Secretaria Municipal de Regularização Fundiária, Habitação e Urbanismo (Semur)	— Programa Minha Casa, Minha Vida/ Empreendimento Cidade de Todos III — Porto Bello III	Projeto de Trabalho Social: visa preparar a população beneficiária para esse processo de integração e pertencimento social à nova comunidade e adaptação ao novo cenário.
Rio Branco (AC)	Secretaria de Habitação de Interesse Social (Sehab)	— Cidade do Povo, Rosa Linda 1, 2 e 3, Andirá, Joafra, Rui Lino, Abunã, Jarbas Passarinho, Igarapé Fidêncio, Cadeia Velha e Habitasa — Cidade do Povo	Nos conjuntos habitacionais, são ministradas palestras sobre educação sanitária e ambiental, oficina de convivência comunitária, educação patrimonial e cursos profissionalizantes. O Projeto de Trabalho Técnico Social (PTTS) desenvolve ações de apoio e fortalecimento à participação efetiva das famílias beneficiárias, por meio de atividades que promovem a inclusão social e produtiva, visando garantir habitabilidade familiar e comunitária, geração de renda e, consequentemente, a sustentabilidade do empreendimento. Realização de cursos de maquiagem, depilação, reciclagem de garrafas PET, educação ambiental e patrimonial, entre outros.

Continua...

Quadro 1 — Atividades realizadas por equipes de Trabalho Social em projetos urbanos e habitacionais em 14 capitais no Brasil

REGIÃO/ CAPITAL	ÓRGÃO	PROGRAMA/ PROJETO	ATIVIDADES REALIZADAS POR EQUIPES DE TRABALHO SOCIAL
			O Projeto de Trabalho Técnico Social (PTTS) visa ao exercício diário de integração da comunidade, à qualidade de vida das pessoas. A pós-ocupação deve proporcionar acolhimento e desenvolvimento para as famílias.
Nordeste			
Aracaju (SE)	Prefeitura Municipal de Aracaju; Secretaria Municipal de Assistência Social; Secretaria Municipal da Defesa Social e da Cidadania (Semdec)	Parque Ambiental das Mangabeiras; Residencial Mangabeiras	Trabalho Social: oferecimento de cursos de qualificação profissional (fabricação de bolos). Projeto Técnico Social visa à motivação das famílias para as novas condições de habitabilidade, as relações com o meio ambiente e o estímulo ao ingresso no mercado de trabalho. Trabalho Social: realização de cursos de capacitação, palestras, rodas de conversas. Visa à garantia de direitos das famílias e à superação da situação de vulnerabilidade social. Construção de unidades habitacionais e direito ao acesso à cidade e aos novos patamares de cidadania e qualidade de vida. Cursos de qualificação (serviços gerais e informática) para o mercado de trabalho.
Fortaleza (CE)	Secretaria Municipal do Desenvolvimento Habitacional (Habitafor)	— Residencial Heloneida Studart — Cidade Jardim, Empreendimento do Alto da Paz 2 — Novo Castelão	Trabalho Social: realizado junto aos moradores dos residenciais antes, durante e após a entrega dos empreendimentos. Contribui para o acesso aos direitos básicos, para o convívio social, a inserção no mercado de trabalho, empreendedorismo e renda. O Trabalho Social é dividido em quatro eixos temáticos voltados para educação ambiental e patrimonial, mercado de trabalho com a geração de emprego e renda, além de mobilização e organização social.

Continua...

Quadro 1 — Atividades realizadas por equipes de Trabalho Social em projetos urbanos e habitacionais em 14 capitais no Brasil

REGIÃO/ CAPITAL	ÓRGÃO	PROGRAMA/ PROJETO	ATIVIDADES REALIZADAS POR EQUIPES DE TRABALHO SOCIAL
Salvador (BA)	Secretaria Municipal de Infraestrutura e Defesa Civil (Sindec)	Programa Minha Casa, Minha Vida; Escritório Público de Assistência Técnica; Programa Morar Melhor; Programa Casa Legal (Regularização Fundiária)	Projetos de Trabalho Técnico Social visam mobilizar a população beneficiária para ações educativas e de caráter social.
São Luís (MA)	Secretaria Municipal de Urbanismo e Habitação (Semurh)	— Programa Minha Casa, Minha Vida; Residencial Amendoeira — Programa Minha Casa, Minha Vida; Residencial São Jerônimo — Programa Minha Casa, Minha Vida; Residenciais Luís Bacelar I e II	O Trabalho Social desenvolve mais de 80 atividades divididas entre cursos, palestras, oficinas e ações de entretenimento. Na lista de cursos estão decoração de sandálias, bijuteria, corte de cabelo, *design* de sobrancelha, maquiagem, pintura em vidro e outros. As atividades visam à interação e ao desenvolvimento humano dos contemplados. Atividades de capacitações, palestras, oficinas e atividades voltadas para o público infantil — para geração de renda, fortalecimento da autonomia das famílias e entretenimento.
Centro-Oeste			
Brasília (DF)	Secretaria de Habitação, Regularização e Desenvolvimento Urbano (SDHAB) e Companhia de Desenvolvimento Habitacional (Codhab)	— PMCMV; Morar Bem — Conselho Gestor do Fundo Distrital de Habitação de Interesse Social (Fundhis), criado pela Lei Complementar n. 762, de 23 de maio de 2008 — Fundo de Desenvolvimento Urbano do Distrito Federal (Fundurb) — PMCMV; Morar Bem	O Trabalho Social desenvolve campanhas, cursos e seminários com a população, mobilização e participação comunitária, ações de saúde, meio ambiente e desenvolvimento econômico, assessoria de gestão condominial aos moradores. Ações de orientações socioambientais, como destinação adequada do lixo e tratamento sanitário. Cursos para geração de trabalho e renda. Projeto de Trabalho Técnico Social (PTTS): promoção de ações socioeducativas com as famílias que participam do processo de realocação, através de ações em três eixos: educação sanitário-ambiental, mobilização da comunidade para participação no projeto e geração de trabalho e renda.

Continua...

Quadro 1 — Atividades realizadas por equipes de Trabalho Social em projetos urbanos e habitacionais em 14 capitais no Brasil

REGIÃO/ CAPITAL	ÓRGÃO	PROGRAMA/ PROJETO	ATIVIDADES REALIZADAS POR EQUIPES DE TRABALHO SOCIAL
Campo Grande (MS)	Prefeitura de Campo Grande; Agência Municipal de Habitação e Assuntos Fundiários	— Minha Casa, Minha Vida — Entidades: o empreendimento tem como entidade organizadora a Conssol Construção, em parceria com a prefeitura de Campo Grande, por meio da Agência Municipal de Habitação e Assuntos Fundiários (AMHASF), e do governo estadual — Vários empreendimentos habitacionais: Programa Habitar Brasil BID	Trabalho Técnico Social: realização de atividades em três eixos de ações socioeducativas: mobilização e organização comunitária; educação sanitária e ambiental; e geração de trabalho e renda. Palestra sobre drogas e dependência química para mulheres e adolescentes como atividade do Projeto de Trabalho Técnico Social. Famílias atendidas pelo empreendimento Paranoá Parque; PMCMV. Assistente Social assume Agência Municipal de Habitação e Assuntos Fundiários. Atividades realizadas: reassentamento de famílias, retirada de famílias que moravam em ambientes precários, regularização fundiária, contribuindo com a documentação das casas e a segurança jurídica dos moradores, triagem e seleção das famílias. Trabalho técnico social: famílias assistidas com a entrega de kits de prevenção contra a covid-19, palestras educativas, oficinas e curso de gestores condominiais. Equipe técnica social: diagnóstico sobre a situação das famílias. Realização de ações, como educação ambiental, sanitária, lideranças comunitárias e geração de emprego e renda. Três eixos de Trabalho Social: mobilização e fortalecimento comunitário, educação ambiental e sanitária e capacitação e incentivo à geração de renda.
Sudeste			
São Paulo (SP)	Secretaria de Habitação do Município de São Paulo	— Residencial Mata Virgem — Residencial América do Sul	O Trabalho Social seguiu o Manual do Ministério das Cidades e as normativas da Caixa Econômica Federal (CEF), orientando-se pelos eixos previstos na Instrução Normativa n. 08, de 26 de março de 2009: Mobilização e Organização Comunitária (MOC); Geração de Trabalho e Renda (GER); Educação Sanitária e Ambiental (ESA).

Continua...

Quadro 1 — Atividades realizadas por equipes de Trabalho Social em projetos urbanos e habitacionais em 14 capitais no Brasil

REGIÃO/CAPITAL	ÓRGÃO	PROGRAMA/PROJETO	ATIVIDADES REALIZADAS POR EQUIPES DE TRABALHO SOCIAL
			Projeto de Trabalho Técnico Social: atendimento no plantão social, reuniões temáticas, articulações setoriais, parcerias institucionais. Atividades voltadas ao fortalecimento e empoderamento das famílias envolvidas no processo. Os macroprocessos foram: 1) planejamento e entrada na área; 2) acompanhamento das famílias na frente de obras, moradia provisória e definitiva; 3) educação ambiental; 4) inclusão social; 5) regularização fundiária; 6) pós-urbanização; e 7) monitoramento. O Trabalho Técnico Social visa contribuir com a mobilização, organização e fortalecimento social, educação ambiental e patrimonial e desenvolvimento socioeconômico para as populações envolvidas em todas as fases dos projetos, ou seja, antes das obras, durante as obras e na fase do pós-obras.
Vitória (ES)	Secretaria Municipal de Obras e Habitação	Residencial Consolação	A equipe de assistentes sociais da Secretaria de Habitação trabalha com muito empenho para atender às famílias que vão receber suas unidades habitacionais.
Sul			
Curitiba (PR)	Companhia de Habitação Popular (Cohab)	Vilas Bela Vista da Ordem e Beira Rio	O Trabalho Social é parte integrante da atuação da Cohab nas ocupações irregulares e ocorre paralelamente à intervenção física, que são as obras de engenharia. Ele consiste na preparação e orientação às famílias com relação às mudanças que se fazem necessárias no modo de vida. Assistentes sociais da companhia acompanham caso a caso a situação de cada uma das famílias que receberá atendimento e direcionam os moradores sobre como proceder.

Continua...

Quadro 1 — Atividades realizadas por equipes de Trabalho Social em projetos urbanos e habitacionais em 14 capitais no Brasil

REGIÃO/ CAPITAL	ÓRGÃO	PROGRAMA/ PROJETO	ATIVIDADES REALIZADAS POR EQUIPES DE TRABALHO SOCIAL
Florianópolis (SC)	Secretaria de Habitação	Residencial Jardim Atlântico; Programa Minha Casa, Minha Vida	Trabalho Social: compreende uma série de oficinas nos períodos de pré-ocupação, ocupação e pós-ocupação, que têm como objetivo acompanhar as famílias e prepará-las para a vida em condomínio, dando suporte à sua adaptação, ao conjunto e monitoramento à ocupação dos imóveis.
Porto Alegre (RS)	Departamento Municipal de Habitação	Vila do Chocolatão	Trabalho Social: atividades de Mobilização e Organização Comunitária (MOC), Educação Sanitária e Ambiental (ESA) e Geração Trabalho e Renda (GTR) que preparem as famílias para a transferência ao novo local de moradia, propiciando melhores condições de vida.

Fonte: GEP-CIHAB, 2021. Elaborado a partir de dados coletados mediante a divulgação de informações pelas prefeituras municipais em páginas eletrônicas e redes sociais.

Analisando o Quadro 1 e os demais documentos disponíveis pelas prefeituras investigadas, é possível identificar que as equipes de Trabalho Social são requisitadas para as intervenções urbanas que envolvem remoção de famílias que moram em áreas de risco, de proteção ambiental ou em áreas de intervenção de projetos urbanísticos; melhoramentos urbanos como resposta do Estado à grave situação de déficit e inadequação de moradias, através dos projetos de urbanização de favelas e produção de empreendimentos habitacionais, que incluem ações de construção de moradias, tratamento de encostas, implantação de parques, praças, serviços de esgotamento sanitário e redes de água, recuperação de becos e abertura de vias; e regularização fundiária de interesse social.

Cabe refletir que, nos processos de remoção, despejos ou reintegrações de posse, os profissionais são requisitados para realizar ações diversas, de acompanhamento social, cadastramento das famílias, orientações, mediação de conflitos, ou ainda para convencer os moradores a sair do local e a aceitar as condições ou ofertas do poder público, que muitas vezes não atendem a suas necessidades familiares. Nessas situações, a primeira questão que se aponta é que o TS não pode ser concebido como ação isolada ou pontual, pois necessariamente deve estar inserido em uma intervenção pública que equacione alternativas para o acesso à moradia digna, de maneira articulada com as demais políticas sociais (educação, saúde e assistência social). Um segundo aspecto, essencial ao TS, é o direito à informação da população atingida sobre a remoção e sobre os fatores que determinaram essa ação, e ainda a possibilidade de escuta das suas necessidades e do debate de alternativas adequadas.

No levantamento, foi possível identificar que as principais atividades das equipes de Trabalho Social são orientadas pelos eixos de organização comunitária, educação sanitária e ambiental e geração de trabalho e renda, as quais são realizadas por meio de palestras, oficinas, cursos de capacitação, campanhas e seminários.

Essas atividades estão respaldadas na Portaria n. 464, de 25 de julho de 2018, do Ministério das Cidades, que normatiza o Trabalho Social em Habitação de Interesse Social e Saneamento. A Portaria n. 464 define o Trabalho Social como:

> [...] um conjunto de estratégias, processos e ações, realizado a partir de estudos diagnósticos integrados e participativos do território, compreendendo as dimensões: social, econômica, produtiva, ambiental e político-institucional do território e da população beneficiária. Esses estudos consideram também as características da intervenção, visando promover o exercício da participação e a inserção social dessas famílias, em articulação com as demais políticas públicas, contribuindo para a melhoria da sua qualidade de vida e para a sustentabilidade dos bens, equipamentos e serviços implantados. (BRASIL, 2018, Portaria n. 464/2018, Anexo I, p. 2)

A Portaria n. 464/2018 estabelece cinco eixos de ação:

EIXO 1 — Mobilização, organização e fortalecimento social: prevê processos de informação, mobilização, organização e capacitação da população beneficiária, visando promover autonomia e o protagonismo social, bem como o fortalecimento das organizações existentes no território, a constituição e a formalização de novas representações e novos canais de participação e de controle social.
EIXO 2 — Acompanhamento e gestão social da intervenção: visa promover a gestão das ações sociais necessárias ao acompanhamento, à negociação das interferências ocorridas ao longo da execução, bem como a preparação da comunidade para compreensão das ações implantadas, de modo a minimizar os aspectos negativos vivenciados pelos beneficiários e evidenciar os ganhos ocasionados ao longo do processo.
EIXO 3 — Educação ambiental e patrimonial: visa promover práticas sustentáveis em relação ao meio ambiente, ao patrimônio e à vida saudável, além de fortalecer a percepção crítica da população sobre os aspectos que influenciam sua qualidade de vida, sobre os fatores sociais, políticos, culturais e econômicos que determinam sua realidade, contribuindo, assim, para alcançar a sustentabilidade ambiental e social da intervenção.
EIXO 4 — Desenvolvimento socioeconômico: objetiva a articulação de políticas públicas de modo a contribuir para a inclusão produtiva, econômica e social, abrangendo o apoio e a implementação de iniciativas de formalização das condições de trabalho, de geração de trabalho e renda, planejamento e gestão do orçamento familiar, com vistas a promover o incremento da renda familiar e a melhoria da qualidade de vida da população.
EIXO 5 — Desenvolvimento socioterritorial: durante a fase de obras será elaborado o Plano de Desenvolvimento Socioterritorial e a implantação na fase de pós-obras de pelo menos uma ação estratégica eleita prioritariamente na fase propositiva. (cf. BRASIL, 2018. Portaria n. 464/2018, Anexo II, p. 5-6)

Esses eixos são norteadores para os projetos de Trabalho Social e merecem análises críticas da efetividade nos projetos do MCMV. No caso de nossa pesquisa, destacam-se eixos e atividades indicados a seguir:

No eixo de *organização comunitária*, são realizadas ações socioeducativas relativas ao fortalecimento de lideranças comunitárias para o acesso a direitos sociais, cidadania e qualidade de vida.

No eixo de *geração de trabalho e renda*, são realizadas ações que visam ao ingresso dos moradores no mercado de trabalho, mediante cursos profissionalizantes: maquiagem, depilação, reciclagem de garrafas PET, fabricação de bolos, serviços gerais, informática, noções de empreendedorismo, decoração de sandálias, bijuteria, corte de cabelo, *design* de sobrancelhas, pintura em vidro. Notadamente, esses cursos são realizados diante da grave situação de desemprego e subemprego e das condições de pobreza dos sujeitos atendidos pelos projetos habitacionais.

No eixo da *educação sanitária e ambiental*, as ações voltam-se à adaptação das pessoas a casas ou apartamentos, especialmente quanto à destinação do lixo e tratamento sanitário.

Nota-se que entre os resultados esperados pelo Trabalho Social estão a integração e a adaptação dos moradores ao novo espaço residencial mediante a oferta de oficinas de convivência comunitária, educação patrimonial, gestão condominial/cursos de gestores condominiais, que na linguagem governamental é denominada de sustentabilidade do empreendimento e autonomia das famílias.

As ações de *organização comunitária*, *geração de trabalho e renda*, *educação sanitária e ambiental* merecem uma análise em cada contexto municipal para avaliar seus sentidos e significados, bem como a direção política do trabalho. Cabe refletir sobre: o que significa integração e adaptação dos moradores ao novo espaço de moradia? A moradia atende às necessidades da família? Em que medida a sustentabilidade do empreendimento se sobrepõe à autonomia das famílias?

Observa-se nos documentos a perspectiva da *intersetorialidade da política de habitação às políticas de assistência social* (a exemplo do Bolsa Família), *segurança pública, educação e saúde* (encaminhamento para consultas médicas, agendamento de preventivos, aferição de pressão arterial, testagem para Infecções Sexualmente Transmissíveis [IST] e glicemia, viabilização de atendimentos odontológicos, campanhas de vacinação, de prevenção às drogas e dependência química para mulheres e adolescentes, entrega de kits de prevenção contra a covid-19). A intersetorialidade das políticas públicas é um grande desafio que pressupõe planejamento e intervenção integrada e articulada para responder à totalidade das demandas das famílias. Implica superar a fragmentação e setorização das políticas e potencializar resultados. Para isso é necessário investir em mecanismos que favoreçam a articulação, a comunicação e os relacionamentos e mudar a cultura organizacional, de modo a estabelecer novas bases de relacionamento entre órgãos e agentes públicos, possibilitando a adesão dos profissionais envolvidos para o trabalho cooperativo e compartilhado.

Joana Valente Santana (2011) afirma que os projetos urbanísticos em que trabalham os profissionais do Serviço Social têm entre suas principais demandas os levantamentos socioeconômicos, o trabalho de participação comunitária, a elaboração/execução e avaliação de Trabalho Técnico Social em projetos urbanísticos, demandas estas que são evidenciadas na análise dos PTTS encontrados no levantamento.

O conhecimento das famílias e dos grupos sociais atendidos pelos projetos, assim como o conhecimento do território e das relações sociais que nele se estabelecem, são as bases para planejar o Trabalho Social na direção social transformadora. Milton Santos (2005) nos ensina que a arena da oposição entre o mercado e a sociedade civil é o território. Desse modo, é no lugar que reside a possibilidade de resistência aos processos perversos do capitalismo e da globalização.

A participação social, comunitária e cidadã aponta para a centralidade do Trabalho Social na política habitacional, a direção coletiva que fortalece mecanismos democráticos e de consolidação da cidadania no controle do Estado e de suas políticas. Desenvolver o protagonismo, o sentido coletivo e democrático dos grupos, homens, mulheres, jovens, idosos, tem sido uma pauta permanente do Trabalho Social.

Evidencia-se que, nos PTTS investigados, o profissional de Serviço Social é o responsável pela coordenação da equipe de Trabalho Social e que há muitas similaridades quanto às demandas destinadas a essas equipes, como: o acompanhamento social das famílias beneficiárias, o encaminhamento dessas famílias para outras políticas, como saúde, educação etc., registros do plantão social, além de relatórios mensais da evolução do processo de adaptação das famílias, em especial as que vivenciam o processo de remoção.

A pesquisa nos incentiva a refletir sobre o lugar das equipes de Trabalho Social nas estruturas administrativas e políticas das secretarias responsáveis pela política habitacional, suas competências, condições de trabalho, composição e participação na definição dos programas e diálogo com as equipes responsáveis pelos projetos urbanísticos.

Considerações finais

Os resultados da pesquisa apresentados neste texto, ainda que parciais, revelam alguns apontamentos sobre a produção habitacional e o Trabalho Social em diferentes territorialidades no Brasil. Os dados indicam que o Minha Casa, Minha Vida é o programa com maior incidência dentre as capitais investigadas, demonstrando tendência de implementação no país.

O Governo Federal, a partir de 2021, substituiu o MCMV pelo Programa Casa Verde e Amarela/PCVA (Lei n. 14.118, de 12 de janeiro de 2021) (BRASIL, 2021a, 2021c), cuja Instrução Normativa n. 2, de 21 de janeiro de 2021, não define o Trabalho Social. Há apenas uma referência difusa de que nos "Procedimentos para Seleção e

Contratação de Propostas", no subitem 12.10, os Agentes Promotores terão que demonstrar ao Agente Financeiro a "existência de técnico social na equipe com experiência na realização de atividades de sensibilização, mobilização, informação e envolvimento das famílias no processo de regularização fundiária e melhoria habitacional" (BRASIL, 2021b, p. 13).

Com base nos dados obtidos a partir do levantamento efetivado, foi possível identificar que o Trabalho Técnico Social, geralmente realizado por assistentes sociais na política de habitação, tem acompanhado as contradições que permeiam a realidade social e a vida concreta dos trabalhadores que produzem o espaço urbano nas cidades. Historicamente, o Trabalho Social tem respondido a demandas muito similares. A partir dos dados coletados em diferentes capitais no Brasil, podemos afirmar que essas similaridades são reforçadas pela Portaria n. 464, de 25 de julho de 2018, centradas nos eixos de orientação do Trabalho Social: a) Mobilização, organização e fortalecimento social; b) Acompanhamento e gestão social da intervenção; c) Educação ambiental e patrimonial; d) Desenvolvimento socioeconômico (BRASIL, 2018, p. 4).

No tempo mais recente, as alterações das demandas ao Trabalho Social acompanham as movimentações conservadoras do Estado brasileiro, que a partir do golpe parlamentar e midiático de 2016 tem intensificado níveis de barbarização da vida social, com o empobrecimento ainda maior das pessoas de menor renda. Nessa perspectiva, as respostas profissionais são atravessadas pelas contradições socioeconômicas nos diferentes territórios onde são prementes o desemprego, o subemprego, a fome e a violência urbana.

A execução do Trabalho Social em projetos habitacionais precisa compreender as formas assumidas pelo capitalismo na produção das cidades, a configuração das políticas públicas brasileiras e o acúmulo de conhecimento construído pelos profissionais no processo histórico.

Considera-se que, diante da conjuntura de crise econômica, social e sanitária e de desmonte dos direitos sociais, é da maior importância que a pesquisa científica assuma um firme posicionamento em defesa da vida, em defesa dos sujeitos que sofrem os mais variados tipos de exploração e opressão nos diferentes territórios no Brasil.

Neste sentido, parece importante que se aprofundem as pesquisas sobre o Trabalho Social em regiões distantes dos centros urbanos, como é o caso de pequenas cidades no interior da Amazônia, do Nordeste e das demais regiões do país, no sentido de apreendermos as tendências universais da produção do espaço urbano, das respostas do Estado, das requisições e respostas profissionais articuladas às diversidades urbano-regionais.

A interpretação teórica e as práticas profissionais e políticas que articulem as mediações entre as contradições urbanas universais e singulares, nas diferentes particularidades históricas e regionais do Brasil, são componentes importantes do reconhecimento das lutas empreendidas pelos sujeitos em diferentes territorialidades, como forma de construir e fortalecer resistências. Nesse contexto, o Trabalho Social adquire ainda mais relevância, porque os profissionais que compõem as equipes estão próximos das pessoas que vivem no cotidiano as inúmeras carências provocadas pela ordem do capital, esta que, no seu avançado processo de crise, precisa ser urgentemente superada.

O Trabalho Social, em que se incluem os profissionais de Serviço Social, deve continuar a manter viva a concepção teórica e metodológica crítica que valoriza os processos participativos. É necessário, ainda, que apreenda as resistências sociais, valorize o conhecimento das demandas da vida concreta da classe trabalhadora e estimule o protagonismo social dos sujeitos nas diferentes territorialidades no Brasil, contribuindo para o fortalecimento das lutas sociais pela democracia e lutas anticapitalistas.

No cenário de profundas transformações e reorganização do capitalismo, com destaque para a reestruturação produtiva, a financeirização, as privatizações, observa-se uma redefinição das respostas estatais às expressões da questão social. Os retrocessos dos direitos e das políticas sociais, assim como os avanços conservadores na sociedade brasileira, têm ameaçado as conquistas democráticas.

O Trabalho Social na política habitacional não está imune a essas transformações e disputas de projetos políticos societários. Dessa forma, as requisições conservadoras, higienistas, de controle social da classe trabalhadora se atualizam e se opõem aos avanços construídos na concepção do Trabalho Social voltado ao fortalecimento da participação, da organização e da autonomia dos movimentos sociais.

Por outro lado, como nos ensina David Harvey (2014, p. 213), o urbano "funciona como um espaço importante de ação e revolta política. As características atuais de cada lugar, e a reengenharia física e social e a organização territorial desses lugares são armas nas lutas políticas".

Os desafios postos ao Trabalho Social comprometido com a participação e o acesso aos direitos sociais nos levam para o campo das resistências urbanas, para o enfrentamento coletivo em articulação com os movimentos sociais e os setores progressistas da sociedade.

Referências

BONDUKI, Nabil Georges. *Origens da habitação social do Brasil*: arquitetura moderna, Lei de Inquilinato e difusão da casa própria. São Paulo: Estação Liberdade; Fapesp, 1998.

BRASIL. Ministério das Cidades. Secretaria Nacional de Habitação. Portaria n. 464, de 25 de julho de 2018. *Diário Oficial da União*, Brasília, ed. 143, 26 jul. 2018. Disponível em: https://www.in.gov.br/materia/-/asset_publisher/Kujrw0TZC2Mb/content/id/34198305/do1-2018-07-26-portaria-n-464-de-25-de-julho-de-2018-34198278. Acesso em: 15 abr. 2022.

BRASIL. Lei n. 14.118, de 12 de janeiro de 2021. Institui o Programa Casa Verde e Amarela. *Diário Oficial da União*, Brasília, ed. 8, 13 jan. 2021a. Disponível em: https://www.in.gov.br/en/web/dou/-/lei-n-14.118-de-12-de-janeiro-de-2021-298832993. Acesso em: 26 out. 2021.

BRASIL. Ministério do Desenvolvimento Regional. Casa Verde e Amarela. *Manual de Instruções*: Programa de Regularização Fundiária e Melhoria Habitacional. Aprovado pela Resolução CCFDS n. 225, de 17 de dezembro de 2020 e, regulamentado pela Instrução Normativa n. 2, de 21 de janeiro de 2021. (Anexo.) Brasília, 2021b. Disponível em: ANEXOSINSTRNORMATIVA02DE21DEJANEIRODE20211.pdf. Acesso em: 26 out. 2021.

BRASIL. Ministério do Desenvolvimento Regional. Tabelas. Portaria de Requisitos. Portaria n. 959, de 18 de maio de 2021. Aquisição subsidiada de imóveis novos em áreas urbanas. Programa Casa Verde e Amarela. Brasília, 18 maio 2021c. Disponível em: https://www.gov.br/mdr/pt-br/assuntos/habitacao/casa-verde-e-amarela/2021_05_20_PORTREQUISITOS_TABELA.pdf. Acesso em: 26 out. 2021.

CARBAJAL ARREGUI, Carola et al. (org.). *Metodologia de Trabalho Social em habitação*: a experiência do município de Osasco-SP (2005-2016). São Paulo: Educ, 2017.

ENGELS, Friedrich. *Sobre a questão da moradia*. São Paulo: Boitempo, 2015.

GOMES, Maria de Fátima Cabral Marques; PELEGRINO, Ana Izabel de Carvalho (org.). *Política de habitação popular e Trabalho Social*. Rio de Janeiro: DP&A, 2005.

HARVEY, David. *Cidades rebeldes*: do direito à cidade à revolução urbana. São Paulo: Martins Fontes, 2014.

OXFAM BRASIL. *O vírus da desigualdade*. Oxford: Oxfam GB, jan. 2021. Disponível em https://materiais.oxfam.org.br/o-virus-da-desigualdade. Acesso em: 20 mar. 2021.

PAZ, Rosangela Dias Oliveira da; CARBAJAL ARREGUI, Carola (org.). *Trabalho Social, territórios e moradia*: a construção da cidade. São Paulo: Veras Editora, 2018.

PAZ, Rosangela Dias Oliveira da; DINIZ, Tânia Maria Ramos de Godoi. Trabalho Social em habitação: contradições, convocações e redefinições políticas *In*: PAZ, Rosangela Dias Oliveira da; DINIZ, Tânia Maria Ramos de Godoi (org.). *Serviço Social e Trabalho Social em habitação*: requisições conservadoras, resistências e proposições. Rio de Janeiro: Mórula, 2020a.

PAZ, Rosangela Dias Oliveira da; DINIZ, Tânia Maria Ramos de Godoi (org.). *Serviço Social e Trabalho Social em habitação*: requisições conservadoras, resistências e proposições. Rio de Janeiro: Mórula, 2020b.

PAZ, Rosangela Dias Oliveira da; TABOADA, Kleyd Junqueira. *Metodologia do Trabalho Social em Habitação*. Curso a distância: Trabalho Social em Habitação. Brasília: Ministério das Cidades, 2010.

SANTANA, Joana Valente. Trabalho Social em projetos de habitação: demandas e respostas sobre a participação comunitária (Belém-Brasil). *Revista Plaza Pública*, Tandil, año 4, n. 6, p. 348-371, dic. 2011.

SANTANA, Joana Valente (org.). *Habitação e Serviço Social*: dimensões teóricas, históricas e metodológicas. Campinas: Papel Social, 2018.

SANTOS, Milton. O retorno do território. *OSAL, Observatório Social de América Latina*, Buenos Aires: CLACSO, año 6, n. 16, jun. 2005. Disponível em: http://bibliotecavirtual.clacso.org.ar/ar/libros/osal/osal16/D16Santos.pdf. Acesso em: 15 abr. 2022.

TAKEMOTO, Sergio. Política habitacional exclui os pobres. *Correio Braziliense*, 5 out. 2021. Disponível em: https://www.correiobraziliense.com.br/opiniao/2021/10/4953440-politica-habitacional-exclui-os-pobres.html. Acesso em: 20 jan. 2024.

Sobre as autoras e autor

DANIELLA DE S. SANTOS NÉSPOLI. Assistente social na Universidade Federal do Triângulo Mineiro (UFTM); doutora em Serviço Social pela Universidade Estadual Paulista (Unesp, *campus* de Franca).
E-mail: daninespoli@outlook.com

ELIZÂNGELA CARDOSO DE ARAÚJO SILVA. Indígena Pankararu; assistente social; doutora em Serviço Social (UFPE); professora substituta na Universidade Federal de Pernambuco (UFPE); em estágio pós-doutoral na Universidade Estadual de Londrina (UEL) (2021-2022).
E-mail: elizpankararu@gmail.com

JACQUELINE BOTELHO. Pós-doutoranda no Programa de Pós-Graduação em Políticas Públicas e Formação Humana (PPFH-UERJ); doutora em Serviço Social (PPGSS-UERJ); professora adjunta da Escola de Serviço Social (UFF); coordenadora do Núcleo de Pesquisa e Extensão sobre Projetos Societários, Educação e Questão Agrária na Formação Social Brasileira (Nepeq/UFF); coordenadora do Grupo THESE — Projetos Integrados de Pesquisa sobre Trabalho, História, Educação e Saúde (UERJ-UFF-EPSJV/Fiocruz); membro do Núcleo de Estudos, Documentação e Dados sobre Trabalho e Educação (Neddate/UFF); pesquisadora dos temas questão agrária, educação e questão étnico-racial no Brasil.
E-mail: jbotelho@id.uff.br

JOANA VALENTE SANTANA. Doutora em Serviço Social (UFRJ); pós-doutora no Centro de Investigación, Hábitat y Municipio, da Facultad de Arquitectura, Diseño y Urbanismo (Universidad de Buenos Aires); assistente social e professora associada IV da Universidade Federal do Pará; bolsista Produtividade em Pesquisa PQ, nível 2; coordenadora adjunta da área de Serviço Social na Coordenação de Pessoal de Nível Superior (Capes) (2018-2022).
E-mail: joanavalente@ufpa.br

JOICY HELENA DA COSTA PANTOJA. Estudante do curso de Serviço Social, na Universidade Federal do Pará; integrante do Grupo de Estudos e Pesquisas Cidade, Habitação e Espaço Humano (GEP-CIHAB), vinculado ao Programa de Pós-Graduação em Serviço Social (PPGSS); bolsista do Programa de Iniciação Científica (PIBIC\CNPq) no projeto "Serviço Social e remoção de moradores atingidos por projetos urbanísticos no Brasil", vinculado ao Instituto de Ciências Sociais Aplicadas (ICSA/UFPA).
E-mail: joicy.pantoja@icsa.ufpa.br

KATHIUÇA BERTOLLO. Assistente social; mestre e doutora em Serviço Social pela Universidade Federal de Santa Catarina (UFSC); docente do Departamento de Serviço Social da Universidade Federal de Ouro Preto (UFOP); membro do Núcleo de Estudos, Pesquisa e Extensão Mineração do Outro; membro do Núcleo de Estudos e Pesquisas sobre Formação Social Latino-Americana e Brasileira (Livre Hermana/UFOP).
E-mail: kathiuca.bertollo@ufop.edu.br

LEILE SILVIA CANDIDO TEIXEIRA. Professora adjunta IV da Escola de Serviço Social (UFRJ); integrante da coordenação do Laboratório

de Ensino, Pesquisa e Extensão Questão Agrária em Debate (Qade/ UFRJ); participante do Laboratório de Estudos Capitalismo Dependente e Questão Social no Brasil (Lecad); membro da coordenação ampliada do Grupo Temático de Pesquisa da Associação Brasileira de Ensino e Pesquisa em Serviço Social (Abepss).
E-mail: leileteixeira.ufrj@gmail.com

MARIA DAS GRAÇAS E SILVA. Professora doutora do Departamento de Serviço Social (DSS) da Universidade Federal de Pernambuco (UFPE) e de seu Programa de Pós-Graduação em Serviço Social (PPGSS); pós-doutora pelo Centro de Estudos Sociais da Universidade de Coimbra (CES/UC), Portugal; líder do Núcleo de Estudos e Pesquisas sobre Questão Ambiental e Serviço Social (NEPASS/UFPE); membro do Núcleo de Estudos e Pesquisas em Marxismo e Serviço Social (NEPMASS/UFS).
E-mail: maria.gsilva2@ufpe.br.

MARIA DAS GRAÇAS OSÓRIO P. LUSTOSA. Pós-doutora em Teoria Social de Marx e Serviço Social (Unesp, *campus* de Franca); doutora em Serviço Social (UFRJ). Professora aposentada do Programa de Pós-Graduação — Mestrado Acadêmico — em Serviço Social e Desenvolvimento Regional e Graduação em Serviço Social (UFF); pesquisadora sobre: questão agrária no Brasil; Serviço Social, questão social e políticas públicas; capitalismo e mundo do trabalho; pesquisadora convidada (NEPEQ/UFF).
E-mail: mariagracas@id.uff.br

MICHAEL LÖWY. Brasileiro radicado na França, onde trabalha como diretor de pesquisas do Centre National de la Recherche Scientifique (CNRS); renomado estudioso do marxismo, com pesquisas sobre as obras de Karl Marx, Leon Trótski, Rosa Luxemburgo, Georg Lukács, Lucien Goldmann e Walter Benjamin; filósofo marxista e ecossocialista.

E-mail: michael.lowy1@gmail.com

NAILSA MARIA SOUZA ARAÚJO. Professora doutora do Departamento de Serviço Social (DSS) da Universidade Federal de Sergipe (UFS) e de seu Programa de Pós-Graduação em Serviço Social (PROSS); pós-doutora em Estudos Transdisciplinares para o Desenvolvimento pela Universidade de Trás-os-Montes e Alto Douro (UTAD), Portugal; líder do Núcleo de Estudos e Pesquisas em Marxismo e Serviço Social (NEPMASS/UFS); membro do Núcleo de Estudos e Pesquisas em Questão Ambiental e Serviço Social (NEPASS/UFPE).

E-mail: nayaraujo5@yahoo.com.br

RAQUEL SANTOS SANT'ANA. Doutora e livre-docente em Serviço Social; professora adjunta da Faculdade de Ciências Humanas e Sociais (Unesp, *campus* de Franca); integrante do Grupo de Estudo e Pesquisas Marxistas (Gepem); membro da Comissão Regional e do Conselho Municipal de Segurança Alimentar e Nutricional de Franca.

E-mail: franca.raquel.santana@unesp.br

ROSANGELA DIAS OLIVEIRA DA PAZ. Doutora em Serviço Social pela Pontifícia Universidade Católica de São Paulo (PUC-SP); professora e orientadora do Programa de Estudos Pós-Graduados em Serviço Social, da Faculdade de Ciências Sociais, do Departamento de Política Social e Gestão Social (PUC-SP); coordenadora e pesquisadora do Núcleo de Estudos e Pesquisas sobre Movimentos Sociais (Nemos/PUC-SP).

E-mail: rosangpaz@gmail.com